"Trinta anos após *Amusing Ourselves to Death*, de Neil Postman, *A guerra dos espetáculos*, de Tony Reinke, eleva a análise de impacto da mídia moderna a novos níveis. A concepção deste livro não é arrogante; está arraigada na estratégia profundamente bíblica da santificação por meio da visão (2Co 3.18). O espetáculo da glória de Cristo é 'a grande fonte de energia da santificação cristã'. Espetáculos feios nos enfeiam. Belos espetáculos nos embelezam. Reinke é um bom guia em como desviar-se dos efeitos destrutivos das imagens digitais, 'antecipando uma Visão superior.'"

John Piper, Fundador e Professor do desiringGod.org; Chanceler do Bethlehem College & Seminary

"Este livro nos mostra como tirar os nossos olhos do último vídeo viral, ou do nosso próprio avatar digital, e voltá-los para o 'espetáculo' diante do qual, muitas vezes, nos acanhamos e nos encolhemos: a crucificação de nosso Senhor. Esse é o espetáculo do qual precisamos."

Russel D. Moore, presidente da Comissão de Ética e Liberdade Religiosa da Southern Baptist Convention

"*A guerra dos espetáculos* não apenas diagnostica nossa visão distorcida; prescreve-nos espetáculos que nos dão a visão espiritual perfeita. Leitura essencial."

Sinclair B. Ferguson, Professor Chanceler de Teologia Sistemática do Reformed Theological Seminary; Professor Associado do Ligonier Ministries

"Como uma *millennial* que deseja permanecer em Cristo, ao mesmo tempo em que se envolve com a cultura, achei este livro incrivelmente útil. O mundo busca cativar nossa atenção mediante uma interminável corrente de distrações, mas Reinke nos encoraja a reavivar nossos corações para o espetáculo de Cristo. Terminei encorajada a fixar os olhos na glória do evangelho, sabendo que isso irá reverberar em mim e capacitar-me para andar em semelhança a Cristo."

Hunter Beless, Apresentadora do podcast *Journeywomen*

"Apoiando-se na Escritura como as lentes pelas quais enxergamos esta era digital, Tony Reinke comunica em prosa brilhante e lúcida uma proposta de como podemos glorificar o Salvador que não vemos neste mundo cheio de distrações para os sentidos."

Bruce Riley Ashford, Professor de Teologia e Cultura, Deão do Corpo Docente e Diretor do Southeastern Baptist Theological Seminary

"Se este livro ajudar os leitores a fazerem uma desintoxicação digital e a se desplugarem de todas as fontes midiáticas que ameaçam nos afogar em ruídos e nos roubar a capacidade de atentar àquilo que verdadeiramente nos habilita a florescer como seres humanos, então ele terá apenas começado a fazer sua boa obra."

W. David O. Taylor, Professor Assistente de Teologia e Cultura, Fuller Theological Seminary

"Navegar a vida cristã numa cultura saturada de mídia parece mais confuso do que nunca. Tony Reinke fornece uma dose de clareza desesperadamente necessária."

Jaquelle Crowe, autora de *Isso muda tudo: como o evangelho transforma a vida de garotos e garotas* (Fiel)

"Tony Reinke apresenta um chamado profético e cheio de graça para examinarmos a nós mesmos, à medida que navegamos por um mundo de entretenimentos, espetáculos e distrações intermináveis."

Trevin Wax, Diretor de Bíblias e Obras de Referência da LifeWay Christian Resources; autor de *A hora é agora* (Pilgrim)

"*A guerra dos espetáculos* pode nos guiar de volta à realidade, à honestidade e à calmaria se humildemente elevarmos os nossos olhos ao Crucificado e orarmos: 'Por favor, mostra-me a tua glória.'"

Ray Ortlund, Pastor Titular da Immanuel Church, Nashville, Tennessee, EUA

"Tony Reinke oferece uma exposição sucinta da ameaça que nossa sociedade saturada por imagens representa à fé e à sabedoria. Faríamos bem em dar ouvidos à sua mensagem."

Crag M. Gay, Professor do Regent College; autor de *Modern Technology and the Human Future* e *The Way of the (Modern) World*

TONY REINKE
A GUERRA DOS ESPETÁCULOS

O CRISTÃO NA ERA DA MÍDIA

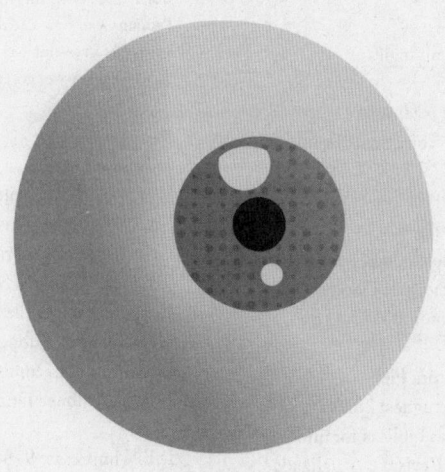

R372g Reinke, Tony, 1977-
A guerra dos espetáculos : o cristão na era da mídia / Tony Reinke ; [tradução: Vinicius Silva Pimentel]. – São José dos Campos, SP: Fiel, 2020.

Tradução de: Competing spectacles : treasuring Christ in the media age.
Inclui referências bibliográficas.
ISBN 9788581327099 (brochura)
    9788581327105 (epub)
    9788581327112 (audiolivro)

1. Cristianismo e cultura. I. Título.

CDD: 261.52

Catalogação na publicação: Mariana C. de Melo Pedrosa – CRB07/6477

A guerra dos espetáculos:
O cristão na era da mídia

Traduzido do original em inglês
Competing spectacles:
Treasuring Christ in the media age
Copyright © 2019 por Tony Scott Reinke

∎

Originalmente publicado em inglês por Crossway, um ministério de publicação da Good News Publishers Wheaton, Illinois 60187, U.S.A.

Copyright © 2019 Editora Fiel
Primeira edição em português: 2020
Os textos das referências bíblicas foram extraídos da versão Almeida Revista e Atualizada, 2ª ed. (Sociedade Bíblica do Brasil), salvo indicação específica.

Todos os direitos em língua portuguesa reservados por Editora Fiel da Missão Evangélica Literária
PROIBIDA A REPRODUÇÃO DESTE LIVRO POR QUAISQUER MEIOS SEM A PERMISSÃO ESCRITA DOS EDITORES, SALVO EM BREVES CITAÇÕES, COM INDICAÇÃO DA FONTE.

∎

Diretor Executivo: Tiago J. Santos Filho
Editor-chefe: Vinicius Musselman Pimentel
Editor: Vinicius Musselman Pimentel
Coordenação Editorial: Gisele Lemes
Tradução: Vinícius Silva Pimentel
Revisão: Paulo Valle
Diagramação: Rubner Durais
Capa: Rubner Durais
E-book: Rubner Durais

ISBN impresso: 978-85-8132-709-9
ISBN e-book: 978-85-8132-710-5
ISBN audiolivro: 978-85-8132-711-3

Caixa Postal 1601
CEP: 12230-971
São José dos Campos, SP
PABX: (12) 3919-9999
www.editorafiel.com.br

*Portanto, se fostes ressuscitados
juntamente com Cristo, buscai as coisas lá do alto,
onde Cristo vive, assentado à direita de Deus.*
— Colossenses 3.1

*O inferno e o abismo nunca se fartam,
e os olhos do homem nunca se satisfazem.*
— Provérbios 27.20

Oh, que eu possa ver a alegria que desejo!
— Anselmo

SUMÁRIO

PARTE 1: A ERA DO ESPETÁCULO

1 Vida no ambiente digital 13

2 Definindo espetáculos 17

3 Distraídos caçadores de espetáculos 23

4 Imagem é tudo 27

5 O espetáculo do ego nas mídias sociais 31

6 O espetáculo do ego nos jogos eletrônicos 35

7 Espetáculos da televisão 39

8 Espetáculos dos comerciais 45

9 A política como espetáculo 51

10 O terror como espetáculo 57

11 Espetáculos antigos 65

12 A cada nove segundos 67

13 O espetáculo do corpo 73

14 A igreja no mercado da atenção 79

PARTE 2: O ESPETÁCULO

15 Espetáculos em tensão 85

16 Prynne e sua nota de rodapé 89

17 O maior espetáculo da terra 95

18 A cruz é mesmo um espetáculo? 103

19 Dois teatros concorrentes 107

20 Espectadores da glória 115

21 A igreja como espetáculo 121

22 A igreja como fabricante de espetáculos? 127

23 Um dia por dentro do espetáculo 131

24 Nossas peculiares tensões do espetáculo 135

25 Uma resolução, uma petição 139

26 O espectador diante da sua escultura 143

27 Um filme tão bom que iria destruí-lo — você assistiria? . 147

28 Espetáculos resistíveis 153

29 Resumos e aplicações 157

30 Minha preocupação suprema 175

31 Uma beleza que embeleza 179

32 A visio beatifica 181

33 Desiludidos, mas não desprovidos 185

PARTE 1
A ERA DO ESPETÁCULO

CAPÍTULO 1
VIDA NO AMBIENTE DIGITAL

Vivemos no primeiro período da história no qual imagens inventadas formam o ecossistema da nossa vida. Sessenta anos atrás, Daniel Boorstin nos alertou:

> "Arriscamo-nos a ser o primeiro povo na história capaz de tornar suas ilusões tão vívidas, tão persuasivas, tão 'realistas', ao ponto de podermos viver dentro delas. Somos o povo mais iludido da terra. Contudo, não nos atrevemos a nos desiludir, pois nossas ilusões são o próprio lar em que vivemos; são nossas notícias, nossos heróis, nossas aventuras, nossas formas de arte, nossa própria experiência".[1]

Sessenta anos depois, o risco se tornou nossa realidade. Vivemos como se toda essa mídia transmitida aos nossos olhos fosse a própria vida real, como se nossas imagens agora nos oferecessem uma existência alternativa.

---

1 Daniel J. Boorstin, *The Image: A Guide to Pseudo-Events in America* (New York: Vintage, 2012), 240.

Contra esse fenômeno cultural levanto meu protesto.

Numa sociedade de consumo, imagens são a linguagem de transação. Imagens almejam provocar algo em nós, a fim de receberem algo de nós. Novas imagens requerem de nós todo tipo de coisas — nosso tempo, nossa atenção, nossa indignação, nosso dinheiro, nossa luxúria, nossa afeição e nossos votos. É possível resistir a elas? Deveríamos tentar?

Este livro é uma teologia da cultura visual, uma cultura que se mostra cada vez mais sufocante. Este livro não o ajudará a escolher a qual programa de TV assistir. Há na internet guias de programação que o auxiliarão nisso. Ele não o ajudará a assistir a filmes *pop* pelas lentes do evangelho. Vários bons livros já fazem isso. Tampouco o ajudará a desemaranhar as linhas narrativas de um filme profundo. Longas conversas com amigos fazem isso melhor. A intenção deste livro é ser um companheiro para cristãos em meio a desintoxicações digitais — esses períodos da nossa vida, agora necessários, nos quais voluntariamente nos desconectamos da mídia *pop*, dos noticiários e das mídias sociais, a fim de livrar nossos olhos das telas e reordenar nossas prioridades.

Por uma convenção, tive que manchar este livro com duzentas notas de rodapé.[2] Na primeira leitura, ignore-as e apenas leia este livro como se elas não existissem. Depois, você pode voltar às notas para uma exploração mais profunda.[3]

Para manter o livro curto, pintei meu argumento como uma silhueta bruta, usando um pincel largo e tinta preta numa tela branca. Um livro muito maior poderia agregar todo um

---

2 Bem, sim... Tecnicamente, elas poderiam ser notas de fim, mas eu sou um daqueles caras que preferem notas de rodapé.
3 Não, sinceramente, ignore-as.

espectro de detalhes e cores. Aqui, busco simplesmente responder a uma pergunta: nesta "era do espetáculo" (como tem sido chamada)[4] — neste ecossistema de retratos digitais, paisagens fabricadas e momentos virais disputando nossa atenção —, como fazemos progresso espiritual?

---

4 Guy Debord, *La Société du Spectacle* (Paris: Buchet-Chast, 1967) [edição em português: *A sociedade do espetáculo* (Rio de Janeiro: Contraponto, 2007)].

CAPÍTULO 2
DEFININDO ESPETÁCULOS

Primeiro, devemos esclarecer algumas definições. Neste projeto, usarei a palavra *espetáculos* com o significado de um momento do tempo, de duração variada, no qual um olhar coletivo se fixa numa imagem, situação ou evento específicos. Um espetáculo é algo que captura a atenção humana, um instante em que nossos olhos e cérebros focam e se fixam em algo projetado para nós.[1]

Numa sociedade como a nossa, fundamentada no ultraje, espetáculos são muitas vezes controvérsias — o último escândalo no esporte, no entretenimento, na política. Uma faísca é acesa, ganha força, torna-se uma chama que *viraliza* nas redes sociais e incendeia os murais de notícias de milhões de pessoas. Isso é um espetáculo. Quanto mais rápida se torna a mídia, tudo é passível de tornar-se um espetáculo:

---

1 N.E.: O autor menciona que, em inglês, a raiz latina deu origem à palavra *spectacles*, que pode significar *lentes* ou *espetáculos* — ambiguidade que não existe em português. Segundo o autor, "lentes aguçam a visão humana, trazendo clareza ao olharmos através delas. Nesse sentido, cosmovisões são óculos metafóricos pelos quais vemos o mundo". Porém, não é esse o sentido que ele usa nesta obra.

um pequeno deslize ao falar em público, um comentário passivo-agressivo de uma celebridade, uma cena de hipocrisia política. Muitas vezes, os espetáculos mais virais nas mídias sociais são narrativas maliciosas que, depois, revelam ser rumores sem fundamento e *fake news*.²

Seja verdade, mentira ou ficção, um espetáculo é sempre algo visível que atrai o olhar da coletividade. E esse é o foco deste livro. Um espetáculo pode vir na forma de uma bela fotografia, um outdoor chamativo, um desenho animado criativo, um pôster de revista, um comercial inteligente ou um videoclipe. Pode ser uma peça publicitária ou uma sagaz "antipublicidade"; uma série de comédia ou uma sátira "anticomédia"; um programa de entrevistas ou uma cínica "antientrevista". Espetáculos podem valer-se da metalinguagem: programas de TV sobre programas de TV, publicidade sobre publicidade, filmes sobre filmes. São espetáculos as paisagens ambiciosas de um videogame, séries de televisão, o vídeo de um atleta em seu momento de glória (ou sofrendo um acidente) ou até mesmo um GIF viral nas redes sociais.

Espetáculos podem ser acidentais ou intencionais — tudo aquilo que disputa nosso olhar: a posse histórica de um presidente; os erros de gravação de uma celebridade; uma derrota épica; uma pegadinha; uma tacada de mestre no bilhar; um comentário provocativo; uma corrida de drones; um campeonato de "esportes eletrônicos"; a gravação de uma fictícia batalha de canhões no videogame; ou uma guerra real travada com armas de fogo. São espetáculos o último vídeo do *youtuber* que se fez um milionário famoso; ou um *flash mob* ensaiado

---

2 Robinson Meyer, "The Grim Conclusions of the Largest-Ever Study of Fake News", theatlantic.com, 8 mar. 2018.

para parecer um encontro espontâneo em público. E a era do espetáculo fez nascer uma forma peculiar de celebridade: o provocador linguarudo e ídolo bobalhão — claramente inadequado para qualquer outra função social senão a fama.

Publicitários usam espetáculos premeditados para aumentar os lucros empresariais, mas espetáculos podem ter outras origens mais macabras: um suicídio adolescente ao vivo no Facebook; um assassinato em público; o vídeo de uma troca de tiros com a polícia; ou um acidente fatal registrado pelas câmeras de trânsito.

Você pode ser o alvo de um espetáculo que, ao mesmo tempo, está falando a milhões de "vocês" (como um anúncio publicitário destinado a incrementar as vendas). Ou um espetáculo pode reunir uma comunidade em torno de um objetivo comum (como um discurso político ao vivo, destinado a conquistar votos). Um tuíte específico pode se tornar um espetáculo viral, mas o ecossistema do Twitter como um todo também é, em si, um espetáculo interminável.

Alguns espetáculos nos agregam numa unidade regional, como torcer pelo time de futebol local. Outros nos aproximam de forma desconexa, como assistir a um filme no cinema. Alguns espetáculos nos agregam em pequenos grupos, como assistir a um filme na TV da sala. Alguns espetáculos nos isolam, como assistir à Netflix em nosso iPad, rolar por uma rede social em nosso celular ou jogar num dispositivo individual. Alguns espetáculos nos separam espacialmente, como óculos de realidade virtual.

Além disso, diferentes modos de espetáculo incitam diferentes formas de olhar. Muitos espetáculos, como nossos filmes favoritos, fixam nossa mente num transe onírico e põem nosso corpo em estado de inércia. Alguns espetáculos, como as redes sociais, oferecem um choque de dopamina, à medida que nos tornamos o centro das atenções. Outros espetáculos, como aqueles programas de TV no qual podemos interagir ao vivo pelo Twitter, nos absorvem numa comunidade de observadores. Espetáculos podem nos conduzir a uma atitude egocêntrica, mas também podem nos fazer esquecer de nós mesmos e focar nos outros. Certos espetáculos alimentam nosso voyeurismo obsceno e nossa lascívia particular.

Espetáculos nos envolvem de diferentes maneiras. A Copa do Mundo, a grande final dos campeonatos de futebol, é o melhor exemplo disso ao atrair nossa atenção de diversos modos: podemos ver o jogo ao vivo e pessoalmente, no barulho de um estádio com sessenta mil espectadores; ao vivo, mas remotamente, com seis amigos em nossa sala de estar; ou posteriormente, assistindo aos melhores momentos no celular. A Copa do Mundo também é um exemplo ideal de como os espetáculos populares se sobrepõem. O evento é um híbrido de espetáculos esportivos, espetáculos de celebridades, espetáculos de entretenimento e espetáculos de publicidade — tudo gerando um interesse em massa pelos lançamentos do mercado, novos dispositivos, *videogames* e estreias de Hollywood. Todos os mais poderosos fabricantes de espetáculos da cultura se encontram na Copa do Mundo; eles até se retroalimentam a fim de oferecer, naquelas quatro horas, um multifacetado banquete para os olhos.

Por trás de tudo isso, os espetáculos querem algo de nós. "Consumir" é uma parte disso, mas nós não apenas ingerimos espetáculos; nós respondemos a eles. Imagens visuais despertam os motivos em nosso coração. Imagens puxam as rédeas das nossas ações. Imagens querem nossa celebração, nosso deslumbre, nossa afeição, nosso tempo e nossa indignação. Imagens invocam nosso consenso, nossa aprovação, nosso apoio, nosso poder de compartilhamento e, também, nossa carteira.

CAPÍTULO 3

DISTRAÍDOS CAÇADORES DE ESPETÁCULOS

Por que buscamos espetáculos? Porque somos humanos — configurados com um insaciável apetite para ver a glória. Nosso coração busca esplendor ao mesmo tempo em que nossos olhos vasculham por grandiosidade. Não podemos evitar. "O mundo anseia por deslumbramento. Esse anseio foi criado para Deus. O mundo o procura sobretudo nos filmes"[1] — assim como no entretenimento, na política, em crimes reais, em fuxicos de celebridades, em guerras, em jogos ao vivo. Infelizmente, somos enganados com muita facilidade a desperdiçar nosso tempo naquilo que não acrescenta nenhum valor à nossa vida. A isso Aldous Huxley chamou "o quase infinito apetite humano por distração".[2]

Seja por coisas inúteis ou proveitosas, nossos olhos são insaciáveis. E esse apetite visual levanta questões importantes sobre em que consiste a atenção e como devemos usá-la.

---

[1] John Piper, twitter.com, 12 abr. 2017.
[2] Aldous Huxley, *Brave New World Revisited* (New York: Harper & Row, 1958), 35 [edição em português: *Regresso ao admirável mundo novo* (Belo Horizonte: Itatiaia, 2000)].

No primeiro volume de sua pioneira obra *Princípios de psicologia*, William James explicou a maravilha e o mistério do que significa ser um indivíduo "atento".³ Ele afirmou que a atenção humana é um "deixar de lado certas coisas a fim de lidar eficazmente com outras; é também uma condição cujo verdadeiro oposto é o estado confuso, atordoado, desconcentrado que na França se chama *distraction*".⁴

Atenção é a habilidade de deixar de lado todas as coisas a fim de lidar com algumas coisas, bem como é o oposto daquela vertigem dos desconcentrados caçadores de espetáculos, incapazes de prestar atenção em coisa alguma. Sendo assim, a atenção determina como percebemos o mundo à nossa volta.

> "Milhões de itens da ordem exterior estão presentes aos meus sentidos, porém jamais adentram propriamente a minha experiência. Por quê?", pergunta James. "Porque eles não são de nenhum interesse para mim. A minha experiência consiste naquilo a que eu consinto em prestar atenção. Minha mente é moldada apenas por aqueles itens que adentram a minha *percepção* — sem interesse seletivo, a experiência é um caos absoluto."⁵

James defendeu que, das muitas possíveis coisas nas quais você poderia fixar a sua mente agora, você escolheu atentar para uma — esta frase. Assim, primordialmente, é este livro que está moldando a sua vida agora, e não as muitas outras

---

3 William James, *The Principles of Psychology* (New York: Henry Holt, 1890), 1:402-58.
4 Ibid., 404.
5 Ibid., 402; ênfase acrescida.

coisas ao seu redor que você, neste momento, ignora. Isso é atenção. Por isso, precisamos aprender a arte de reajustar o foco de uma mente errante, pois "a capacidade de voluntariamente trazer de volta uma atenção errante, de novo e de novo, é a própria raiz do discernimento, do caráter e da vontade".[6]

Em outras palavras, não somos apenas o fruto do nosso meio ambiente. Somos criaturas moldadas por aquilo que atrai nossa atenção — e aquilo a que prestamos atenção se torna nossa realidade objetiva e subjetiva. Gêmeos idênticos, criados num ambiente idêntico, serão moldados de formas diferentes se focarem em coisas diferentes. Nós atentamos àquilo que nos interessa. Tornamo-nos aquilo a que assistimos.

---

6 Ibid., 424.

CAPÍTULO 4
IMAGEM É TUDO

André Agassi, o astro de tênis, tinha apenas dezenove anos quando estrelou um comercial de TV para a marca de câmeras Canon. Na peça publicitária, ele aparecia fazendo toda sorte de poses atraentes, um espetáculo exibido diante dos cliques da câmera do observador. Ao fim do anúncio, ele desce de uma Lamborghini branca, num paletó branco, e — com um sorriso maroto, falando pausado, inclinando a cabeça para deixar cair os óculos escuros e revelar a seriedade do seu olhar — diz sua única fala: "Imagem é tudo". O anúncio foi um sucesso. Agassi disse que ouvia o slogan cerca de duas vezes ao dia, depois seis, depois dez, depois incontáveis vezes.

Em sua autobiografia, ele recorda seu espanto. O slogan pegou e Agassi não podia se livrar dele. "Imagem é tudo" *se tornou* a imagem de Agassi, uma da qual ele passou anos tentando se livrar. "De repente", ele disse, "o slogan se tornou meu sinônimo. Jornalistas esportivos comparavam esse slogan à minha natureza interior, meu ser e essência. Diziam que aquilo era minha filosofia, minha religião, e prediziam que seria meu epitáfio".[1] As multidões gritavam

---

[1] Andre Agassi, *Open: An Autobiography* (New York: Vintage, 2010), 131-32 [edição em português: Agassi: Uma autobiografia (Rio de Janeiro: Intrínseca, 2019).

a frase para ele, quer ganhasse ou perdesse — afinal, quem precisa de troféus de tênis quando se pode perder com estilo? A fala do comercial ridicularizava suas ambições como tenista e menosprezava suas aspirações como atleta. Ela o tornou cínico, insensível às multidões, irritado por jornalistas e, no fim, enojado da opinião pública. Talvez Agassi tenha sido uma vítima, não tanto da fala de um roteiro, mas de um novo impulso na era dos espetáculos. *Imagem* e *substância* estavam agora divorciadas — afinal, é isto o que imagens são: um simulacro, uma representação, um objeto que abre espaço entre aparência e substância. "Num mundo dominado pela imagem em vez da palavra, a vida interior dá lugar à exibição exterior. A substância dá lugar à simulação".[2]

Na era do espetáculo, a imagem é nossa identidade e nossa identidade é inevitavelmente moldada por nossa mídia. Para usar a sugestiva linguagem de Jacques Ellul ao falar sobre filmes, nós escolhemos nos entregar vicariamente às vidas que vemos nas telas e que jamais poderíamos experimentar pessoalmente. Escapamos para vidas que não são nossas e nos acomodamos à experiência de outros. Vivemos dentro de nossas simulações projetadas — dentro das promessas e possibilidades de nossas celebridades mais queridas. O resultado: "como um caracol desprovido de sua concha, o homem é apenas um pedaço de massa de modelar, formado à semelhança das imagens em movimento".[3]

---

[2] Douglas Rushkoff no posfácio de Daniel J. Boorstin, *The Image: A Guide to Pseudo-Events in America* (New York: Vintage, 2012), 265.
[3] Jacques Ellul, *The Technological Society* (New York: Vintage, 1964), 377.

Nossos filmes populares representam "uma pedagogia do desejo",[4] um lugar em que nossos amores, aspirações e identidade são moldados para nós. Na era do espetáculo, abandonamos os contornos sólidos de nossa existência corporal — nossa concha —, a fim de encontrarmos nossa própria forma e definição enquanto vivemos dentro de uma vida de abstração conduzida pela mídia. E, por podermos viver inteiramente dentro do mundo das nossas imagens (consumidas e projetadas), perdemos nossa identidade e nosso lugar na comunidade. Perdemos a percepção do que significa estar dentro do corpo que Deus atribuiu e formou para nós. Libertos dos contornos sólidos da nossa humanidade, tornamo-nos pedaços de massa de modelar autônomos e maleáveis. "A tecnologia digital abstrai a sociedade e a criação da particularidade de nossos corpos, da ordem material e do nosso contexto social particular, situando o ego hipermoderno dentro de um ambiente inteiramente artificial de símbolos e imagens manipuladas".[5] Tornamo-nos egos desconectados, abstraídos da natureza e da comunidade — abstraídos de nosso verdadeiro ego.

Todas essas confusões de identidade promovidas pela mídia são amplificadas pelas câmeras digitais de nossos celulares, as quais surgiram bem a tempo de mesclar a captura e edição de nossa autoimagem às nossas mídias sociais.

---

4 James K. A. Smith, *Desiring the Kingdom: Worship, Worldview, and Cultural Formation*, vol. 1, *Cultural Liturgies* (Grand Rapids, MI: Baker Academic, 2009), 110 [edição em português: *Desejando o reino: culto, cosmovisão e formação cultural* (São Paulo: Vida Nova, 2018).

5 Alastair Roberts, "The Strangeness of the Modern Mind", 7 dez. 2017, alastairadversaria.com.

CAPÍTULO 5
O ESPETÁCULO DO EGO NAS MÍDIAS SOCIAIS

O antropólogo Thomas de Zengotita defende que, atualmente, estamos perdidos num labirinto de espelhos que distorcem os reflexos do nosso ego. Ele afirma que a tecnologia das telas conduziu a um novo ápice de prazer viciante na era digital, pois as telas tornam possível vivermos num duplo papel: somos tanto *espectadores* como *estrelas*.[1]

Nos raros momentos em que atraímos ampla atenção — seja por meio de nossas imagens, tuítes ou memes —, tornamo-nos *estrelas*. E, quando assistimos a nós mesmos recebendo aprovações e curtidas, tornamo-nos também *espectadores*. Nas mídias sociais, nosso duplo papel de espectador-estrela é visto "naquela intensidade especial, o brilho devocional que você vê no rosto de um estranho num lugar público qualquer, debruçado sobre o dispositivo portátil em sua mão, totalmente absorto... conferindo as mudanças nos

---

1 Thomas de Zengotita, "We Love Screens, Not Glass", theatlantic.com, 12 mar. 2014.

trending topics no Twitter, sentindo a maré de atenção subindo ao seu redor, enquanto surfa uma eletrizante onda de comentários, em todo o país, em todo o mundo — tudo isso é como o toque de uma força cósmica, graças à menor e mais potente de todas as telas pessoais: a do seu smartphone".[2] Enquanto assistimos a outros nos assistirem, somos tomados pelo êxtase de nos tornamos a estrela. Tornamo-nos espectadores de nosso ego digital.

Nossas fotos digitais e *selfies* apenas amplificam essa autoprojeção. Segundo estatísticas globais, atualmente tiramos mais de um trilhão de fotos digitais por ano. Tornamo-nos atores diante dos nossos próprios celulares e os de nossos amigos. Modificamos nossa imagem e aplicamos filtros em nossa aparência. Então, tornamo-nos espectadores de nós mesmos, pois "cada *selfie* é a encenação de um indivíduo tal como ele espera ser visto pelos outros".[3] Como pedaços de massa de modelar, buscamos esculpir uma identidade que será celebrada pelos outros.

Fomos transformados por nossa cultura de estar sempre pronto para as câmeras. Até 1920, ninguém considerava apropriado sorrir para uma câmera. Hoje, todos temos de estar a postos para sermos fotografados a qualquer momento, para encenar para a câmera uma pose contorcida e impressionante. Imagem é tudo — e as mídias sociais são onde nós estrelamos o espetáculo de nós mesmos. Enquanto encenamos em frente às câmeras as identidades que nós mesmos escolhemos, descobrimos que a mágica das imagens geradas por computador

---

2 Ibid.
3 Nicholas Mirzoeff, *How to See the World: An Introduction to Images, From Self-Portraits to Selfies, Maps to Movies, And More* (New York: Basic, 2016), 62.

(CGI, na sigla em inglês) está à nossa disposição. O nosso ego digital é agora editável por uma infinidade de filtros, lentes e *bitmojis* — uma maleabilidade incrível para moldarmos esculturas de nós mesmos, algo jamais disponível a qualquer outra geração na história humana.

Depois de ter escrito um livro inteiro sobre smartphones e como eles formam e deformam nossa autopercepção, não vou reprisar aqui meu ataque ao espetáculo das mídias sociais.[4] O que é importante para este projeto é ver que essa possibilidade de autorretrato e de autoprojeção torna as mídias sociais um espetáculo irresistível, pois nos modelamos para sermos os astros no centro desse palco. Como resultado dessas transformações culturais, cada um de nós sente a transformação do *ser* para o *aparentar*. Nossa imagem autoconstruída — nossa aparência digital — torna-se tudo.

De uma maneira profundamente viciante, existimos ao mesmo tempo como estrelas *e* espectadores. E as mídias sociais "testemunham o poder desse duplo aspecto do exibir-se, uma intimidade recíproca que não é igualada pelo envolvimento com qualquer outra mídia, muito menos pela realidade".[5]

Bem, apenas os jogos eletrônicos chegam perto disso.

---

[4] Ver Tony Reinke, *12 Ways Your Phone Is Changing You* (Wheaton, IL: Crossway, 2017).
[5] de Zengotita, "We Love Screens, Not Glass".

CAPÍTULO 6
O ESPETÁCULO DO EGO NOS JOGOS ELETRÔNICOS

Como aponta Thomas de Zengotita, os videogames também nos colocam nos papéis de *espectador* e *estrela*, mas esses papéis se mesclam em tempo real. "Um jogador de *videogame* experiente é senhor do seu console. Ele não está consciente de sua situação física. Ele pressiona os botões para movimentar-se, atirar e pular sem sequer pensar neles. Ele se torna o agente na tela. Não há diferença entre o polegar sujo daquele garoto de catorze anos e os imensos bíceps do seu avatar, enquanto ele empunha sua enorme metralhadora contra a horda de zumbis. Ele é o 'atirador em primeira pessoa'".[1]

O tom de Zengotita é depreciativo em excesso, mas a sua tese é também importante demais para ser ignorada, especialmente quando ele passa a explicar o efeito psicológico. "Como um atirador em primeira pessoa, você consegue encenar *e* assistir ao mesmo tempo", ele diz. "Os poderes e prazeres das duas

---

1 Thomas de Zengotita, "We Love Screens, Not Glass", theatlantic.com, 12 mar. 2014.

formas de centralidade — espectador e estrela — se mesclam. Concretizou-se uma possibilidade inexplorada de fechamento sináptico; conquistou-se uma forma de gratificação humana sem precedentes na história. Não é de surpreender que esses jogos eletrônicos sejam tão viciantes".[2] Sim, e, na iminência da revolução da realidade virtual, jogos de tiro em primeira pessoa situados em ambientes abertos se tornarão ainda mais viciantes, oferecendo um tipo de emoção na vitória outrora reservado aos atletas de elite.[3]

É esse mesmo caráter viciante que nos atrai às redes sociais em nossos *smartphones*, embora de modo um tanto mais atenuado, numa dança entre esses papéis de espectador e estrela. Nas mídias sociais, "você também se envolve consigo mesmo, com o seu mundo, nesse novo plano do ser no qual agente e observador se fundem. Porém, o *smartphone* torna as coisas mais complexas. Ele introduz entre você e suas atividades na tela uma pequena distância, um pequeno tempo de espera, apenas o suficiente para possibilitar uma infindável cascata de pequenos momentos de conquista, de reconhecimento. Cada notificação, cada resposta se interpõe entre você e as representações de si e o mundo que você está tanto produzindo quanto contemplando".[4] Nas redes sociais, se esperarmos um instante, receberemos uma reação, seremos vistos. Não obtemos a gratificação instantânea dos jogos eletrônicos, mas chegamos perto disso.

---

2 Ibid.
3 Quando pediram a um jogador de basquete profissional que comparasse a emoção de uma vitória no game Fortnite (um jogo de sobrevivência contra até 99 outros competidores) à emoção que ele havia experimentado dois anos antes, quando fora a estrela do seu time ao vencer um campeonato de basquete universitário, ele teve de pensar muito para responder. Dan Patrick Show, "Lakers Guard Josh Hart Talks Fortnite & More with Dan Patrick", youtube.com, 23 mar. 2018.
4 de Zengotita, "We Love Screens, Not Glass".

Em ambos os casos, seja ao vivo nos espetáculos de videogame ou na dança um pouco mais lenta das mídias sociais, nós estamos no centro do palco. Tornamo-nos estrela e espectador. Nessas que são nossas mídias mais viciantes, o espetáculo somos nós.

CAPÍTULO 7

ESPETÁCULOS DA TELEVISÃO

A sequência de abertura de *Os Simpsons* já se tornou culturalmente lendária. Partindo de entre as nuvens ao som do coral celestial, um *zoom* nos leva até Bart no quadro-negro da escola, escrevendo e reescrevendo sua última transgressão. O sino da escola toca, ele sai correndo e pula em seu skate sem nenhuma mochila ou livros. Em seguida, vemos Lisa se exibindo no ensaio da banda da escola, mas o seu solo de saxofone é tão exagerado que o professor a expulsa de sala. Ela sobe numa bicicleta e zarpa com seu instrumento e uma pilha gigante de livros. Na usina de energia nuclear da cidade, o dia de trabalho termina com uma sirene; ao ouvi-la, Homer larga a tenaz e, enquanto ele vai embora, um núcleo de carvão incandescente que ele segurava quica e se agarra às costas de sua camisa. Ele sai dirigindo, percebe aquela incômoda barra nuclear e a joga pela janela do carro; ela sai quicando pela calçada e Bart desvia dela em seu skate. Após, vemos Marge e a pequena Maggie, sempre de chupeta, pagando as compras no mercado e então dirigindo para casa numa corrida cheia de barulhos de buzina e pneus. A família invade a casa de todas as direções. Homer chega primeiro à frente da garagem; em seguida vem Bart, passando com seu skate por cima do carro de Homer. Irritado, Homer sai do carro e dá um berro ao ser quase atropelado por Lisa em sua bicicleta. Ele pula, grita de novo e então corre para dentro da casa, escapando por um triz de ser atropelado pelo carro acelerado de sua esposa, a qual pisa fundo no freio até fazer uma parada derrapante na garagem. Em uníssono, a família corre, pula e se aperta no sofá, em frente ao brilho azul da TV compartilhada — aparentemente, a "chupeta" para os olhos da família.

Supostamente, espera-se que nós zombemos desse lar disfuncional e da futilidade de sua existência cotidiana — homem, mulher, filho mau aluno, filha boa aluna, pequena criança —, todos sofrendo uma lavagem cerebral, enquanto se reúnem mais uma vez diante do conforto dos seus espetáculos televisivos. Acontece que aqui estamos nós, assistindo à essa família. Será que não somos nós que estamos sendo ridicularizados?

O que tornou os Simpsons cegos uns para os outros? Por que eles apenas veem através uns dos outros? Por que eles evitam o contato visual? Talvez, alimentados com um interminável estoque de vídeo, nosso próprio olhar se torne facilmente entorpecido, vazio e entediado. Ignoramos uns aos outros e, quando temos de fazer contato visual, muitas vezes oferecemos às pessoas um olhar desinteressado. Talvez a nossa cultura do espetáculo tenha nos condicionado a este lugar — "seduzidos por tantas belas horas do dia a entregarmos nada além da nossa atenção, consideramos tal atenção nosso bem mais precioso, nosso capital social, e detestamos ter de dividi-la".[1] Somente a televisão é digna de nossa preciosa atenção e, por isso, nós protegemos esse olhar dos outros. As pessoas se tornam um tanto entediantes, se comparadas à arrebatadora magia das nossas telas.[2]

Televisão é o ato de trazer coisas distantes à nossa visão imediata. Desde a filmagem do assassinato de John Kennedy, as catástrofes se tornaram tão próximas de nós que conseguimos nos lembrar do lugar onde estávamos, como se estivéssemos presentes à tragédia e a tivéssemos testemunhado pessoalmente.[3] Os tiros em John Kennedy, Martin Luther King, Ronald Reagan; a morte da princesa Diana; a queda das Torres Gêmeas — você se lembra de onde estava no momento em assistiu ao vídeo desses eventos pela primeira vez. Embora as primeiras equipes de emergência do 11 de Setembro tenham descrito a experiência como estar em um filme, a *televisão* trouxe essa experiência cinematográfica da catástrofe para perto de todos nós. Por meio do vídeo, a separação espacial se dissolve e eventos muito distantes são trazidos ao nosso sofá. Por meio do vídeo, todos nos tornamos testemunhas oculares da tragédia; somos levados a tão perto dos eventos que nos sentimos presentes — tão

---

1 David Foster Wallace, *A Supposedly Fun Thing I'll Never Do Again* (New York: Back Bay Books, 1998), 64 [edição em português: *Uma coisa supostamente divertida que nunca mais vou fazer* (Lisboa: Quetzal Editores, 2013)].
2 "Um olhar não imagético para o rosto de um amigo pode ser cultivado apenas por meio de uma contínua vigilância sobre os olhos; tornou-se um ideal pelo qual se deve lutar e que pode ser perseguido apenas mediante treinamento constante, um comportamento que vai na contramão do *Bildwelt* [mundo pictórico] à nossa volta, o qual me convida a me entregar ao show". Ivan Illich, "Guarding the Eye in The Age of Show", *RES: Anthropology and Aesthetics*, vol. 28 (outono de 1995): 60.
3 Thomas de Zengotita, *Mediated: How the Media Shapes Your World And The Way You Live In It* (New York: Bloomsbury, 2005), 6-11 [edição em português: *Mediatizados como os média moldam o nosso mundo e o modo como vivemos* (Lisboa: Bizancio, 2006)].

presentes que, em face de um desastre televisionado, temos a experiência pessoal de um trauma mediado.

Agora, os vídeos estão por toda parte. Tudo o que acontece pelo mundo em frente a uma câmera digital com conexão Wi-Fi pode ser mediado a nós e à nossa visão. A todo momento, vídeos amadores se espalham em plataformas públicas. A cada minuto, mais de vinte e quatro mil minutos de novos *vídeos de usuários* são carregados no YouTube. Isso significa que, para assistir à quantidade de *novos conteúdos de vídeo* carregados no YouTube nas próximas cinquenta e oito horas, precisaríamos gastar oitenta anos ininterruptos de nossas vidas.

Nosso apetite insaciável por *produções de vídeo* se reflete na oferta cada vez maior de plataformas de transmissão: Hulu, Netflix, Amazon Prime, Facebook Vídeos, YouTube Red e tantas outras plataformas de vídeo, por demanda e ao vivo, muitas das quais não apenas hospedam conteúdo, como também atualmente financiam seus próprios projetos de estúdio.

O número estimado de séries de televisão em exibição na TV americana saltou de 210 em 2009 para 455 em 2016 — um crescimento exponencial que não dá sinais de desacelerar.[4] Ultrapassar 500 programas por ano parece uma questão de tempo. E esse número não inclui os *reality shows*, 750 dos quais foram transmitidos apenas em 2015.[5] A essa lista, acrescentem-se as centenas de filmes lançados a cada ano, com cerca de trinta dos filmes mais famosos, ultrapassando 100 milhões de dólares em bilheterias.

---

4 Maureen Ryan, "TV Peaks Again In 2016: Could It Hit 500 Shows In 2017?", variety.com, 21 dez. 2016.
5 Todd VanDerWerff, "750 Reality TV Shows Aired on Cable In 2015. Yes, 750", vox.com, 7 jan. 2016.

Novos espetáculos de sucesso disputam nossa atenção. No momento em que escrevo, num fim de semana qualquer no outono, são lançados no mesmo dia dois grandes filmes de ação, dois lançamentos de grandes franquias de videogame e a segunda temporada de um famoso programa numa plataforma de transmissão. Lançamentos de grandes sucessos continuarão a ser a regra — espetáculos diversos, com datas de lançamento próximas, todos competindo pelos mesmos olhos e fazendo os consumidores expressarem no Twitter a bendita angústia de não saberem como priorizar toda essa demanda de atenção.

Até as notícias se tornaram mais imersivas com o passar do tempo. Noticiários noturnos de roteiro definido — com um resumo metódico dos principais eventos do dia, editado para caber num único e organizado programa — foram primeiro substituídos pelos "furos de reportagem", as incontáveis coberturas ao vivo da CNN e, agora, deram lugar ao Twitter. Atualmente, antes mesmo do evento acabar, podemos assistir a filmagens não editadas, alegações e teorias prematuras e relatos de testemunhas oculares. No Twitter, todos nos tornamos jornalistas correndo atrás da história.

Não é preciso insistir no fato de que vivemos numa cultura dominada por produções de vídeo e espetáculos subsidiados. O fato é que esse número crescente de opções está nos transformando. Quer falemos sobre novelas no horário nobre, *reality shows*, canais do YouTube, furos de reportagem, esquetes de comédia, franquias de videogame ou filmes de animação, "num mundo mediado, o oposto do *real* não é o falso, o ilusório ou o fictício — é o *opcional*".[6] O mundo real à nossa

---

6 de Zengotita, *Mediated*, 14; ênfase acrescida.

volta se dissolve, não porque nossos espetáculos sejam falsos ou *"fake"*, mas porque temos o poder soberano sobre um cardápio de incontáveis opções de espetáculos. Nós controlamos tudo. Nosso cetro é o controle remoto. E, nesse bufê de opções digitais, perdemos de vista os contornos que dão forma à nossa existência corporal. Tornamo-nos cegos para aquilo que não podemos controlar.

Na era *televisiva*, nossos olhos passam por toda a terra numa espécie de onisciência divina, com uma oferta de inúmeras opções no celular na palma de nossa mão. Espetáculos do outro lado do mundo podem nos alcançar com uma facilidade jamais vista. E, embora estejamos no controle de nossos espetáculos particulares, também nos tornamos mais passivos a eles. A resistência ao espetáculo é uma opção que deliberadamente ignoramos. Nossos olhos preguiçosos, nosso olhar indiferente se contenta em ser alimentado pelos fabricantes de espetáculos. Já não somos nós que buscamos novos espetáculos; novos espetáculos nos buscam e se apresentam a nós sem exigir mais que um toque na tela — ou menos que isso. Com a função de reprodução automática, os vídeos são exibidos, terminam, e então o próximo da lista começa automaticamente. O recurso de avançar automaticamente para o próximo episódio só aumenta a nossa farra no Netflix. Nada é exigido de nós. Basta vegetar.

Poucos de nós têm contabilizado os impactos dessa cultura televisiva para a nossa atenção, volição, empatia e identidade.

CAPÍTULO 8

ESPETÁCULOS DOS COMERCIAIS

A expansão dos espetáculos de vídeo ao lado do mercado de consumo não é um casamento acidental. Imagens capturam a nossa atenção e nos seduzem porque, implicitamente, elas nos convidam a experimentar diferentes trajes identitários, a vislumbrar como um produto irá modelar nossa aparência à vista dos outros. E essa persona cuidadosamente elaborada vai muito além dos produtos de beleza e vestuário; é a força motriz por trás de muitos dos nossos bens de consumo.

Chanon Ross descreve a relação entre espetáculo e consumo com a ilustração de um passeio pelo shopping.

> "Quando uma consumidora entra no shopping, seus sentidos são envolvidos por uma panóplia de estímulos pensados para embriagar. Imagens, música, aromas e produtos rodam juntos num turbilhão de desejo. É irrelevante se a consumidora já queria algo antes de entrar no shopping, pois o shopping é pensado para

cultivar tal desejo *em lugar dela* e, então, fornecer-lhe os produtos de que ela precisa para consumar o desejo que *o shopping* produziu".[1]

Em nossa busca por moldar a massa informe da nossa identidade, corremos atrás de novos produtos. Porém, fora do shopping, o encantamento mágico se vai e, logo, o guarda-roupas perde a graça. Quando isso acontece, "bolsa a tiracolo, ela vai novamente ao shopping, e o ciclo da evanescência começa outra vez". O espetáculo promete dar-nos uma imagem que outras pessoas da mesma cultura irão identificar e apreciar, se comprarmos os produtos certos. A promessa é que, "por meio do seu poder de compra, o consumidor se torne capaz de elevar-se sobre o mundo material e ter a experiência de si mesmo como um ser transcendente". Porém, a vida real nos golpeia e sentimos nossa humanidade, nossa queda e a vaidade de buscarmos prazer neste mundo. As dores agudas do nosso coração vazio nos seduzem de novo ao shopping, em busca de mais bens, porém "espetáculos cada vez maiores precisam ser produzidos" para atrair nossa atenção. "As imagens têm de ser mais vívidas; a violência, ainda mais excessiva; os *reality shows*, mais ultrajantes; as campanhas políticas, mais dramáticas; e assim por diante". Nesta era do espetáculo evanescente, precisamos encontrar espetáculos sempre novos e cada vez mais arrojados que recapturem nosso olhar sempre pronto a desviar-se.[2]

---

1 Todas as citações neste parágrafo são de Chanon Ross, *Gifts Glittering and Poisoned: Spectacle, Empire, And Metaphysics* (Eugene, OR: Cascade, 2014), 89-91.
2 Na base do sucesso dos reality shows está uma "inibição da vergonha", na medida em que participantes e produtores estão dispostos a fazerem coisas cada vez mais bizarras, diz David Foster Wallace. Num mundo pós-vergonha, é de pouca importância que um programa polêmico receba ampla reprovação ou menosprezo, pois, "mesmo que

Os espetáculos de publicidade são pensados, como o shopping, para despertar novos desejos dentro de nós, desejos que não existem previamente até que a ausência de um bem de consumo é identificada como sua causa. O espetáculo da publicidade "serve menos para divulgar um produto do que para promover o consumo como um novo estilo de vida".[3] Espetáculos de publicidade criam dentro de nós novas coceiras as quais só podem ser aliviadas pelo novo bem de consumo. A principal função do publicitário é "despertar o desejo; criar a sede em vez de saciá-la; provocar um sentimento de necessidade e vontade, ao nos dar a presença aparente de algo e arrancá-lo de nós no mesmo gesto".[4] O alvo do publicitário é "criar uma ansiedade que possa ser aliviada pelo ato de comprar".[5] Um espetáculo põe diante de nossos olhos um objeto de desejo, provocando um novo anseio por satisfação naquele bem ou experiência, e, então, rapidamente arranca de nós o objeto, deixando-nos com uma nova sede, uma nova vontade, que precisa ser saciada na compra daquele bem ou experiência.

Espetáculos de publicidade constroem hábitos poderosos em nós e nos tornam compradores incansáveis em busca

---

os espectadores estejam escarnecendo ou comentando sobre o mau gosto do show, eles ainda estão assistindo; e a chave é fazer as pessoas assistirem, pois é isso que traz lucro. Uma vez que perdemos esse embaraçar-se de vergonha, só o tempo dirá até onde podemos ir". Stephen J. Burn, ed., *Conversations with David Foster Wallace*, Literary Conversations (Jackson, MS: University Press of Mississippi, 2012), 132. As pessoas ainda assistem àquilo que lhes traz apenas desdém e escárnio e, por isso, reality shows com premissas cada vez mais absurdas têm vindo à luz.

3 Christopher Lasch, *The Culture of Narcissism: American Life in an Age of Diminishing Expectations* (New York: Norton, 1991), 72.
4 W. J. T. Mitchell, *What Do Pictures Want?: The Lives and Loves of Images* (Chicago: University of Chicago Press, 2005), 80.
5 David Foster Wallace, *Infinite Jest* (New York: Back Bay Books, 2006), 414 [a citação é da edição em português: *Graça infinita* (São Paulo: Companhia das Letras, 2014)].

do poder de mudar nossa própria vida e nosso entorno com mais uma ida ao shopping. A massa amorfa do ego autônomo recebe a promessa de uma nova identidade na forma de um exoesqueleto novinho em folha — um novo bem de consumo para nos completar e nos dar uma forma no mundo, para moldar a identidade que desejamos projetar para os outros. Assim, tornamo-nos consumidores autoconsumidos — compradores autônomos cuja vida recebe novo contorno e nova forma pelo próximo produto que acrescentamos ao nosso carrinho de compras da Amazon.

Por muitos anos, um selo escrito "Como visto na TV" foi utilizado para avalizar produtos de consumo. Espetáculos visuais substanciavam consumíveis e continuam a fazê-lo. Anúncios funcionam melhor quanto mais as pessoas os veem; é por isso que vemos os mesmos anúncios se repetirem de novo e de novo e de novo. Anúncios são potentes não apenas por alcançarem muitos olhos, mas porque eles moldam como toda uma cultura enxerga um produto, um fenômeno chamado *impressão cultural*. "Publicitários têm poder porque os bens que possuem uma imagem associada ao espetáculo de massa são marcados publicamente como possuindo um significado particular", diz o teólogo Alastair Roberts.

> "Ver um anúncio em particular não é nem de longe tão poderosamente eficaz quanto ver um anúncio na cobertura do Super Bowl,[6] pois, neste último caso, sabemos que todo mundo viu a mesma imagem e ela foi marcada na

---

6 N. d. E.: Super Bowl é o jogo final do campeonato da principal liga de futebol americano dos Estados Unidos.

consciência coletiva. A publicidade e o espetáculo se retroalimentam numa cultura de mútua exibição".[7]

Cada anúncio se esforça para formar dentro de mim um novo anseio, mas os anúncios mais notáveis imprimem um bem específico como sendo de valor universal para todos nós. Então, se eu comprar essa *coisa* que foi anunciada, posso presumir que toda a cultura há de ver-me sob certa luz.

Assim, a era dos espetáculos e a era dos consumíveis se mesclam naturalmente. Sem rodeios, nas palavras de um teólogo, nossa era é "uma realidade extremamente aguda e gritante, um caos ofuscante do trivial que cativa e do atroz que aterroriza, um mundo da onipresente mídia de massa e da constante interrupção, uma tempestade incessante de sensações e apetites artificiais, um espetáculo interminável cujo único tema unificador é o imperativo de adquirir, ter e de gastar".[8] Por trás da era do espetáculo está a era do consumo. Alimentados por uma dieta repleta de doces, guloseimas de sensações e de impressão cultural, adquirimos novos apetites pelo mundo visível ao mesmo tempo em que perdemos o gosto pelo invisível. Todos os nossos apetites e anseios são discipulados pelos espetáculos do mundo, de modo que eles possam ser aplacados por uma indústria que reduz os nossos desejos aos lançamentos do mercado, às próximas férias e à última tecnologia de consumo.

Os espetáculos fazem exigências a nós — eles querem nossa autoimagem, nosso tempo, nossa indignação, nossa atenção, nosso coração, nossa carteira, e, é claro, nossos votos.

---

7 Alastair Roberts, e-mail pessoal, 10 mar. 2018, divulgado com permissão. Ver também Kevin Simler, "Ads Don't Work That Way", meltingasphalt.com, 18 set. 2014.
8 David Bentley Hart, *The Experience of God: Being, Consciousness, Bliss* (New Haven, CT: Yale University Press, 2014), 329.

CAPÍTULO 9

A POLÍTICA COMO ESPETÁCULO

Em 8 de novembro de 2016, na noite da eleição, Hillary Clinton se preparava para tornar-se a primeira mulher presidente na história dos Estados Unidos — um momento histórico, considerado inevitável pela maioria das pesquisas de intenção de voto. Dois dias antes, o *Los Angeles Times* anunciava confiante: "Nosso último mapa mostra [Hillary] Clinton vencendo com 352 votos eleitorais".[1] Uma vitória acachapante era a aposta segura.

Para sediar seu triunfo sem precedentes, Clinton escolhera o Crystal Palace no Javits Center da cidade de Nova York, uma deslumbrante cidadela com seis blocos de vidro e um teto de cristal, um grande espetáculo impulsionado pela metáfora dominante no discurso de vitória de Clinton — ela teria quebrado o teto de vidro da dominação masculina na vida política e teria obtido uma vitória para todas as mulheres. O terno branco de Clinton estava ajustado e passado, a cor escolhida

---

1 David Lauter and Mark Z. Barabak, "Our Final Map Has Clinton Winning With 352 Electoral Votes", latimes.com, 6 nov. 2016.

para honrar o labor das mulheres que lutaram pelo sufrágio feminino no século anterior ("nós realmente fomos longe no simbolismo", disse ela posteriormente).² Telas enormes projetavam, passo a passo, a apuração dos votos. Celebridades *pop*, correligionários de caras pintadas e ávidos doadores de campanha passeavam pelo castelo de vidro com o frenesi da vitória iminente. O palco estava pronto, as luzes acesas, a tribuna preparada. Porém, enquanto a noite avançava, a liderança de Clinton desaparecia. Às 20h15, Clinton liderava na Flórida. Às 23h, ela perdeu na Flórida. Às 22h30, perdera em Ohio. À meia-noite, perdeu em Iowa. À 1h35, perdeu na Pensilvânia. Às 2h30, estava perdido. Ela pegou o telefone e reconheceu a eleição do seu oponente. Seu terno branco nunca chegou a ser usado. Um jornalista presente à ocasião comparou a experiência não a presenciar um teto sendo arrancado, mas a ser um passageiro no Titanic — um grandioso e magnífico espetáculo, com a popa do navio se despedaçando.³

Se a eleição presidencial anterior, em 2008, fora celebrada como um ápice na criação de um espetáculo político (e de fato foi), ela foi um mero preâmbulo para 2016 e o atual mestre em criar espetáculos, Donald Trump. Não estou sugerindo que sua pessoa, suas ambições políticas ou seu sucesso nos negócios não tinham nenhum conteúdo — e sua mensagem claramente alcançou uma vasta porção dos americanos. Concordemos ou não com ele, precisamos agora levar em conta a força midiática que ele empregou para fazer as massas voltarem-se de uma elite política para si próprio, um novato na política.

---

2 Hillary Rodham Clinton, *What Happened* (New York: Simon & Schuster, 2017), 18.
3 Nathan Heller, "A Dark Night at the Javits Center", newyorker.com, 9 nov. 2016.

Enquanto a maioria dos candidatos angaria e gasta milhões de dólares para adquirir tempo de transmissão e exibir espetáculos de si mesmos durante intervalos comerciais, Trump atraiu gratuitamente para si uma cobertura midiática equivalente a bilhões de dólares, ao tornar seus discursos improvisados irresistíveis à câmera. Enquanto os outros presidenciáveis compravam tempo de anúncio nos intervalos das transmissões, Trump era senhor do tempo de transmissão. Ao fim, na cobertura das eleições, o nome de Trump havia sido mencionado o triplo de vezes do nome de Clinton.[4]

Durante um dos seus famosos comícios com o slogan "Torne a América Grande Novamente", dez mil correligionários se reuniram para ver Trump em Harrisburg, Pensilvânia, um estado decisivo no qual ele precisava vencer (e venceu). Do palanque, ele ousadamente admitiu: "Minha mulher vive dizendo: 'Querido, seja mais presidencial'. Mas eu não tenho certeza de que quero fazer isso agora. Temos de ser duros por mais algum tempo. Em algum momento, eu me tornarei tão presidencial que vocês ficarão entediados… E eu vou voltar aqui como uma pessoa presidencial e, em vez de 10.000 pessoas, haverá cerca de 150 e todos dirão: 'Mas, oh, como ele está presidencial!'".[5]

Donald Trump sabia o que estava fazendo. Sua equipe teve de explicar essa estratégia com a "teoria dos dois Donalds". Primeiro, Trump iria despertar eleitores apáticos, incitando-os à ação por meio de discursos duros e espetáculos públicos no palanque. Então, ele seria eleito, mudaria e

---

4 Cf. "Presidential Campaign 2016: Candidate Television Tracker", television.gdeltproject.org, n.d.
5 Donald Trump, comício em Harrisburg, Pennsylvania, 21 abr. 2016.

assumiria o decoro apropriado a um presidente. Conservadores preocupados, temendo que o Trump visto nos palanques se tornasse o mesmo Trump dentro do Salão Oval, eram tranquilizados de que essa mudança ocorreria e um segundo Trump prevaleceria no final.[6]

Se essa mudança anunciada realmente aconteceu, deixo ao julgamento do leitor. O que quero mostrar aqui é como Donald Trump, em seu caminho para tornar-se presidente, deliberadamente e estrategicamente confiou em sua mágica de criar espetáculos. A primeira fase foi pensada para conquistar o centro das atenções, ao vivo e no horário nobre. Com discursos curtos e grossos, Trump atraiu uma atenção que nenhum outro candidato atingiria. Se a coisa toda aparentava descuidada e vergonhosa, era a genialidade desgrenhada de um mestre em criar espetáculos. Trump sabe que o decoro presidencial é agora uma fornalha pequena demais para acender o fogo necessário para capturar o voto das massas na era da mídia. Desde que o vídeo se tornou a base da cultura Americana, o poder das imagens televisivas dos candidatos sempre se mostrou um componente essencial do ímpeto político. Mas nada poderia nos preparar para o modo como Trump manteria as câmeras continuamente voltadas para si numa nova era do espetáculo político.

Trump desperta a reação das massas valendo-se de slogans, até mesmo simplesmente repetindo expressões-chave, chavões e acusações estigmatizadas contra seus oponentes. Sua linguagem é grosseira. Suas frases são curtas. Seus slogans fluem livremente e naturalmente. Ele domina a arte do

---

6 Josh Voorhees, "Team Trump Embraces the Theory of Two Donalds", slate.com, 22 abr. 2016.

tuíte viral. No palanque, ele aparece como alguém "sempre irritado — indignado porque as coisas não estão como deveriam estar —, mas de algum modo também bem-humorado a respeito", e isso funciona bem no teatro da televisão.[7]

Para Trump, a televisão é o que importa. Nos primeiros dias de seu mandato presidencial, relata-se que até mesmo seus assessores ficavam surpresos ao ver quão pouco Trump lia. Alguns concluíram: "Trump não lia. Na verdade, ele nem sequer passava o olho. Se era algo impresso, era como se não existisse". Por que não? Servidores da Casa Branca discutiam se ele sofreria de algum tipo de dislexia. Ou seria ele semianalfabeto? "Outros concluíram que ele não lia simplesmente porque não precisava ler, e que aquele era, de fato, um dos seus principais atributos como um populista. Ele era pós-alfabetizado — cem por cento televisão".[8]

Em 2016, quer você amasse Donald Trump, tolerasse Donald Trump ou desprezasse Donald Trump, você havia sido arrastado para dentro do espetáculo de Donald Trump. Ele dominou as telas e converteu sua energia televisiva em ímpeto político. Nas palavras de um jornalista, sua "habilidade de reunir formas de extravagância semiótica outrora distintas (*reality shows*, concursos de beleza, partidas de luta livre) e inseri-las em sua candidatura ao cargo mais poderoso do planeta é, precisamente, o que faz de Trump um espetáculo

---

7 Barton Swaim, "How Donald Trump's Language Works for Him", washingtonpost.com, 15 set. 2015.

8 Michael Wolff, *Fire and Fury: Inside the Trump White House* (New York: Henry Holt, 2018), n.p. [edição em português: *Fogo e fúria: Por dentro da Casa Branca de Trump* (São Paulo: Objetiva, 2018) Este é um livro questionável, mas a sua tese tem sido corroborada por fontes mais respeitadas. Ver também Carol D. Leonnig, Shane Harris e Greg Jaffe, "Breaking With Tradition, Trump Skips President's Written Intelligence Report and Relies on Oral Briefings", washingtonpost.com, 9 fev. 2018.

infindável".⁹ Em resposta, você pode expressar sua oposição ou fazer piquete nos comícios dele, mas com isso você apenas alimenta o fogo e concede às câmeras o que filmar.

Após Trump ser eleito, a economia americana deu sinais de vida e a bolsa de valores disparou, alcançando vários novos recordes no seu primeiro ano. Ao mesmo tempo, o interminável drama da rotatividade de sua equipe foi apelidado de "o maior *reality show* já visto".¹⁰ Seja qual for o desfecho da presidência de Trump — quer ele represente a mudança necessária para os EUA ou um incidente cultural que jamais deve repetir-se —, uma mudança duradoura será o novo poder político do espetáculo. Os fogos do espetáculo político são a nova pirotecnia do ímpeto político. Talvez, agora, o ofício de presidente seja mais apropriado para a classe das celebridades, os mestres do espetáculo.

---

9 Kira Hall, Donna M. Goldstein, Matthew Bruce Ingram, "The Hands of Donald Trump: Entertainment, Gesture, Spectacle", *Hau: Journal of Ethnographic Theory* 6 (2): 92.
10 Chris Cillizza, "Donald Trump Is Producing the Greatest Reality Show Ever", cnn.com, 6 mar. 2018.

CAPÍTULO 10
O TERROR COMO ESPETÁCULO

No verão de 2013, quando a guerra civil assolava seu país, Bashar al-Assad, o presidente da Síria, supostamente disparou armas químicas contra seus opositores. Alegadamente, o ataque resultou na morte de 1.800 homens, mulheres e crianças em Ghouta, Síria.

A ONU investigou o massacre e confirmou que o ataque veio de dentro da Síria e que "quantidades significativas" de sarin, um gás de uso militar, haviam sido utilizadas num "ataque indiscriminado e bem planejado, tendo por alvo áreas habitadas por civis, causando mortes em massa".[1] Certo homem, um dos raros sobreviventes do ataque, descreveu a exposição ao sarin como a perda da capacidade de respirar e de gritar de dor (um impulso natural do corpo), bem como uma luta por cada fôlego em excruciante agonia, como se alguém estivesse abrindo seu peito "com uma faca feita de fogo".[2]

---

1 Human Rights Council of the United Nations, "Report of the Independent International Commission of Inquiry on the Syrian Arab Republic", OHCHR.org, 12 fev. 2014.
2 Ryan Gorman, "Syrian Sarin Attack Survivor Describes the Feeling of a Knife Made of Fire'", businessinsider.com, 20 abr. 2015.

Essa matança implacável de seus próprios cidadãos despertou no mundo inteiro indignação e a condenação de Assad. Ameaças de retaliação se intensificavam. Os EUA se preparavam para revidar. Poucos dias depois da carnificina, o magnata dos negócios Donald Trump usou o Twitter para perguntar ao presidente Obama: "O que ganharemos em troca de bombardear a Síria, além de mais dívidas e um possível conflito de longa duração?".[3] Na ausência de um consenso internacional, Obama recuou da ideia de uma retaliação militar.

Mil e trezentos dias depois, 240 km ao norte, Assad supostamente repetiu sua atrocidade; desta vez o alvo foi Khan Shaeikhoun, Síria, e setenta e quatro dos seus civis foram mortos com outro ataque aéreo de gás sarin.[4] Passadas sessenta e três horas do evento, Donald Trump, o novo presidente dos EUA, disparou cinquenta e nove mísseis Tomahawk contra uma base aérea militar na Síria, transformando uma das frotas de caças de Assad num montão de escombros e cinzas.

Como podemos explicar o pacifismo de Trump perante os 1.800 mortos em 2013, à luz de sua belicosa resposta aos setenta e quatro mortos em 2017? A resposta curta: *imagens*. Imagens explícitas. Mais do que no episódio anterior, a última ação fora capturada por fotografias de crianças — com olhares de surpresa, temor e confusa asfixia, olhares congelados em suas faces mortas e então cristalizados em imagens e vídeos horripilantes que rapidamente se espalharam pelo mundo.

Os oficiais das forças armadas reuniram as evidências do ataque de abril de 2017 e apresentaram um relatório a Trump.

---

3 Donald J. Trump, twitter.com, 29 ago. 2013.
4 Assad rapidamente compareceu a uma entrevista televisionada para negar qualquer envolvimento e argumentar que ele não possuía os materiais, a capacidade ou o motivo para realizar esse ataque de gás.

"As imagens eram terríveis. Homens e mulheres agonizando sem conseguir respirar. Criancinhas com a boca espumando em agonia. Cadáveres de bebês espalhados pelo chão". Quando o relatório terminou, o presidente "ordenou que sua equipe elaborasse alternativas para uma reação". Aquelas cenas não saíam de sua mente. Ao tentar retomar seu trabalho, "as imagens da Síria o afligiam, disseram seus assessores. Ele estava perturbado com as imagens de bebês, alguns da idade de seus netos".[5] As cenas que ele viu — "mais explícitas que aquelas vistas pela população" — o atingiram fortemente.[6] Ele precisava retaliar. E ele o fez.

A rápida reação de Trump a esse segundo ataque sírio revela três lições poderosas sobre os espetáculos visuais da violência.

Primeiro, injustiças contra a humanidade registradas em vídeo não precisam de tradução. Imagens de crianças mortas nas calçadas cativam nossos olhos imediatamente. Legendas e descrições podem estar escritas em língua estrangeira, mas as mensagens embutidas nas imagens se difundem universalmente.

Segundo, imagens criam uma empatia pessoal. Vídeos e fotografias de crianças de rua fazem aflorar a compaixão no coração humano. Uma vez que as imagens são compartilhadas e transmitidas na TV, elas são gravadas na consciência de todos os espectadores. As imagens não podem ser ignoradas.

Terceiro, como jamais ocorreu antes, câmeras digitais de celular capturam cenas de crimes de guerra e as espalham pelo mundo em questão de segundos. Uma borboleta digital bate

---

5   Associated Press, "Ghastly Images of Syrian Attack Led to Trump About-Face", 7 abr. 2017.
6   Michael D. Shear and Michael R. Gordon, "63 Hours: From Chemical Attack to Trump's Strike in Syria", nytimes.com, 7 abr. 2017.

suas asas e, em uma hora, desencadeia um tsunami digital de indignação do outro lado do planeta. Em poucas horas, o furor coletivo pode despertar máquinas de guerra.

Numa era governada por imagens, é muito fácil tomar a indignação coletiva, gerada pela filmagem de um evento aterrador, e transformá-la em arma. Atualmente, vemos isso acontecer com regularidade e em ambos os polos de um dado conflito. Um grupo radical de terroristas faz sua propaganda por meio de um vídeo explícito da execução perversa de prisioneiros — mortos a tiros, decapitados, queimados, afogados, tudo documentado para o mundo em câmeras de alta definição. O mundo, em choque, responde às imagens com palavras incisivas de oficiais militares e políticos em programas de entrevistas na TV.

Os eventos do 11 de Setembro trouxeram os espetáculos de vídeo para o centro das questões de guerra e defesa nacional. Assistimos aos vídeos das Torres Gêmeas desmoronando e tornando-se um montão de ruínas. Assistimos a um avião comercial inclinar-se levemente, desaparecer de um lado de um arranha-céu e emergir do outro lado como uma bola de fogo, um míssil sequestrado disparado no coração de um dos ícones americanos da riqueza. Esses espetáculos de horror, capturados por câmeras e repetidos à exaustão, marcaram a ferro e fogo a consciência global. A indignação coletiva era palpável e passível de voltar-se contra um inimigo definido — bastava ter as imagens dos terroristas por trás de tudo.

Imagens de terroristas são cruciais para se perpetuar uma "guerra ao terror". Ponha um rosto na atrocidade e encontre a filmagem de alguém como Osama bin Laden. Defina-o como "o inimigo". Essa estratégia funciona na tela dividida da atenção humana — à esquerda, as torres desmoronando; à direita, o vídeo do criminoso. A visão é essencial, pois, sem a filmagem, os terroristas e seus grupos permanecem uma força nebulosa e invisível em algum lugar perdido do globo. Operações contraterroristas geralmente são coisas secretas, mas os políticos usam imagens públicas para evocar o medo e codificar as nossas "ameaças mais iminentes".

Quando se trata de cenas de guerra, precisamos ser cautelosos, porém não estou defendendo teorias da conspiração. Na verdade, teóricos da conspiração geralmente fabricam uma versão caricata de um espetáculo, cujo poder é usurpado de um evento real. No caso de que estamos tratando, há pouca dúvida de que Bin Laden estava por trás dos ataques do 11 de Setembro, uma tentativa magistral de criar "o maior espetáculo da terra" ao investir contra grandes ícones do poder ocidental. Ele e seus asseclas executaram tais horrores, com um resultado devastador e sem paralelos na história moderna da criação de espetáculos. As imagens eram o propósito, pois Bin Laden não se empenhou em matar o máximo possível de pessoas. Ele não precisava fazê-lo. "Ele se contentaria em fazer a metade do número de vítimas, contanto que as torres fossem atingidas, e tanto melhor se elas desmoronassem. Ele não estava travando uma guerra na qual se contavam as baixas do inimigo; ele estava espalhando uma mensagem de terror e o que importava era a imagem".[7]

Graças à difusão dos smartphones, os terroristas podem ter certeza de que qualquer espetáculo de violência

---

7 Umberto Eco, *Chronicles of a Liquid Society* (Boston: Houghton Mifflin Harcourt, 2017), 113-14 [edição em português: *Pape Satàn aleppe: Crônicas de uma sociedade líquida* (Rio de Janeiro: Record, 2017).

numa grande cidade será capturado e compartilhado com o mundo em tempo real. "O surgimento de mídias sociais como o YouTube e o Twitter transformou cada cidadão num jornalista em potencial e cada transeunte inocente, numa potencial testemunha cujo depoimento pode ser carregado ao sistema nervoso global".[8] Todos os polos do conflito sabem o significado disso. Imagens geram indignação que pode ser enlatada e transformada em arma, ao servir de base para uma reação militar justificada.

Em 5 de abril, um dia depois da represália do presidente Trump, Nikki Haley, a embaixadora americana para as Nações Unidas, discursou perante um Conselho de Segurança da ONU na Síria. Na ocasião, ela mostrou duas fotos de crianças sírias mortas (parte da coletânea de imagens que havia assombrado o presidente). Mais uma onda viral foi gerada pelas imagens da Sra. Haley, uma mãe de dois filhos, segurando as fotos diante dos jornalistas.

Em 13 de abril, com toda essa indignação contra a Síria pairando no ar, as forças armadas americanas tomaram a ofensiva e lançaram uma poderosa bomba sobre um complexo terrorista do Estado Islâmico (ISIS, na sigla em inglês) no Afeganistão. Num instante, a GBU-43, também conhecida como "A Mãe de Todas as Bombas" (MOAB, na sigla em inglês), tornou-se a bomba não-nuclear mais destrutiva já usada num combate pelas forças armadas americanas. Relata-se que ela matou 36 membros do ISIS que trabalhavam num complexo subterrâneo numa região montanhosa distante. Em poucas horas, as forças armadas divulgaram filmagens aéreas

---

8 W. J. T. Mitchell, *Cloning Terror: The War of Images, 9/11 to The Present* (Chicago: University of Chicago Press, 2011), 130.

da investida, um vídeo sem cores e sem som que mostrava as reverberações visuais da explosão, que impactou um raio de mais de trinta quilômetros.

Na manhã seguinte, o programa de entrevistas *Fox & Friends* abriu uma de suas reportagens com a filmagem do bombardeio, acompanhada da música country *Courtesy of the Red, White and Blue* ("Cortesia do Vermelho, Branco e Azul"), de Toby Keith. Terminada a música — de letra pró-bombardeio, inspirada nos acontecimentos posteriores ao 11 de Setembro —, a apresentadora Ainsley Earhardt acrescentou: "O vídeo é preto-e-branco, mas esta é a aparência da liberdade — é vermelha, branca e azul".[9]

Em nome do bem ou do mal, tanto o terrorismo quanto o antiterrorismo se alimentam do visível. Eles trocam espetáculos um com o outro. Os espetáculos de um banho de sangue promovido por terroristas suicidas que espalham carnificina por ruas movimentadas, por dentro de shoppings ou de estações de metrô, produzem filmagens que podem ser reexibidas por horas a fio. E essas filmagens serão usadas para se angariar o furor coletivo a favor de uma reação imediata da máquina da guerra antiterror. Os vídeos da reação da máquina de guerra antiterror produzem conteúdo extra de que os terroristas se aproveitam em sua própria propaganda. Ambos os lados aumentam o seu poder ao atraírem olhares.

É óbvio que a guerra não é o resultado da era do vídeo. Guerras são ancestrais. Todavia, a guerra atual se justifica, amplifica e expande, bem como atrai a simpatia e o apoio coletivos, quando a guerra (e o inimigo aparente) pode ser cristalizada

---

9 "Fox News Hosts Revel in Afghanistan Moab Drop", axios.com, 14 abr. 2017.

num espetáculo visual e repetida à exaustão em rede nacional, para manter a ameaça bem diante dos nossos olhos. A visão da guerra pode virar a população contra a máquina de guerra (como vimos no Vietnã). Porém, a visão da guerra também é encenada pela máquina de guerra, com espetáculos eletrizantes de "choque e pavor" feitos sob medida para a TV. Na era da mídia, guerras não são travadas apenas nos lugares longínquos; elas são travadas num formato sob medida para caber no palco *de todo lugar* — em cenas que disputam o tempo de exibição nas telas onipresentes em nossos bolsos.

Imagens desencadeiam reações. Imagens criam impressões. Porém, imagens são ambivalentes. Imagens não podem elaborar um argumento nem sugerir uma interpretação crítica. Nós temos de fazer a crítica por conta própria. Então, cada vez que vemos espetáculos de poder militar ou de carnificinas terroristas, podemos perguntar-nos: o que essas imagens querem de mim? E quem se torna mais poderoso se eu lhes der o que elas querem?

CAPÍTULO 11

ESPETÁCULOS ANTIGOS

A criação de espetáculos não é exclusiva da modernidade. As mesmas táticas já perduram há séculos. Tanto a Grécia como a Roma antigas eram culturas guerreiras; e ambas se ergueram em torno de espetáculos socialmente festejados, pensados para exibir o físico ideal dos seus lutadores e gerar novos soldados fiéis ao reino. Com esses objetivos, o estádio grego ficou famoso pelos jogos olímpicos e por esportes de resistência, como corrida, luta livre e boxe. A arena romana ficou conhecida por suas lutas de gladiadores, caçadas de animais e execuções públicas. Embora os jogos gregos não fossem sem derramamento de sangue (suas partidas de boxe pareciam com nossas lutas de MMA), eles também não eram modestos. O prazer grego na nudez atlética é conhecido. Porém, nós lembramos os romanos por seus maiores fabricantes de espetáculos, os gladiadores, célebres por seu gratuito derramamento de sangue.

O mundo romano estava repleto de fabricantes e consumidores de espetáculos. Ao gerarem uma enorme energia popular, os espetáculos se tornaram a engrenagem que movia o poder político e o entusiasmo militar. Desfilar pela cidade com seus inimigos derrotados, ante a zombaria do povo, era uma cena militar fascinante. E os jogos de gladiadores, no Coliseu, uniam políticos e eleitorado num espetáculo de massa que criava um ciclo de retroalimentação — de um lado, as autoridades políticas locais exibiam seu poder de criar espetáculos perante um público ávido e, de outro, o público respondia e participava na condução dos jogos como uma voz coletiva de aprovação ou desaprovação. Espetáculos públicos se convertiam em poder político e social para os estadistas romanos e para os aspirantes à política.[1]

Esses inebriantes jogos e apresentações de gladiadores romanos dominavam a sociedade. Lutas de gladiadores, peças de teatro, exibições de animais exóticos, circos empolgantes, desfiles militares, execuções públicas — a vida nacional era vivida por meio desses teatros.[2] E os poderosos se aproveitavam de toda aquela patuscada em busca de aumentar sua própria popularidade. Entretenimento, política, religião, guerra, economia — tudo se mesclava numa única e coletiva era do espetáculo, num imbrincado tecido social pensado para suportar o peso de um império.

---

1 Chanon Ross, *Gifts Glittering and Poisoned: Spectacle, Empire, and Metaphysics* (Eugene, OR: Cascade, 2014), 8.
2 Richard C. Beacham, *Spectacle Entertainments of Early Imperial Rome* (New Haven, CT: Yale University Press, 1999), 43-44.

CAPÍTULO 12

A CADA NOVE SEGUNDOS

Seria possível defender que a nossa era do espetáculo não está tão longe daquela de Roma. Porém, a nossa mídia evoluiu com alguns novos recursos disponíveis.

Samuel Morse, conhecido pelo código Morse, enviou a primeira mensagem telegrafada da capital americana para Baltimore, na primavera de 1844. Sua mensagem continha uma exclamação bíblica: "Que coisas tem feito Deus!" (Nm 23.23). Nós sabemos que coisas fez o telégrafo, uma nova oportunidade para comprimir dados em pequenos fragmentos e frases únicas. O telégrafo tornou-se a mensagem de texto privada, que se tornou o tuíte público. Hoje, toda a instantaneidade de nossas mídias sociais nos lançou numa era de escândalos, fuxicos de celebridades e avalanches de tuítes.

Assim, enquanto o Império Romano celebrava seus macroespetáculos, o que vemos hoje é a ascensão do microespetáculo — minúsculos fragmentos de informação, clipes, frases e imagens, que podem se espalhar pelo globo na velocidade da luz. Com nossos sistemas de transmissão de mídia cada vez mais rápidos e com a maior eficiência com que esses espetáculos são transmitidos para os dispositivos de mão em nossos bolsos, os fenômenos virais vão se reduzindo a microespetáculos cada vez menores.

Essa compactação do espetáculo é possível também porque a atenção humana pode ser repartida em momentos de nove segundos. Embora não seja fácil de medir, todos sabemos que a duração da atenção humana está cada vez menor. Em parte, podemos culpar as falsas promessas dos dispositivos multitarefa. E, em parte, podemos culpar a nós mesmos. É nossa preferência pessoal. Focar nossa atenção por muito tempo é algo difícil. Nossos cérebros amam pequenas pausas para o lanche e as empresas de mídia digital sabem disso. Somos alvos dessas guloseimas de atenção feitas sob medida para saciar nosso apetite por algo novo, bizarro, glorioso, hilário, curioso ou fofinho. Talvez não esteja muito longe da verdade chamar o iPhone de "um cassino estimulado por substâncias químicas e que fareja nossos desejos fundamentais por vaidade, egocentrismo e a nossa obsessão em assistir a acidentes de trem.[1] Nós amamos o frenesi do ego nas mídias sociais. E nunca cessamos de desejar bons bocados do manjar turco dos escândalos digitais.

"O mercado dos portáteis é imenso. É o maior mercado jamais visto pela indústria da tecnologia — aliás, pela indústria como um todo", disse o analista de tecnologia Bem Thompson. Por quê? "O único momento em que paramos de usar nossos celulares é quando estamos fazendo algo

---

1 Craig Mod, Longform Podcast, "289: Craig Mod", longform.org, 11 abr. 2018.

específico; e os espaços vazios em nossa vida são muito maiores do que se imaginava. Para preencher esse vácuo — esse mercado gigantesco, tanto em termos de números quanto de tempo disponível —, surgiu o produto perfeito".[2]

Smartphones possibilitam que a indústria da atenção mire em nossas pequenas lacunas de foco, aqueles momentos em que transitamos entre tarefas e deveres. Nossa atenção pode ser um tanto flexível, o bastante para preencher cada lacuna de silêncio em nossos dias, mas, no fim das contas, ainda é um jogo de soma zero. O tempo de concentração de que dispomos a cada dia é limitado e, agora, cada segundo da nossa atenção pode ser alvo da indústria, transformado em mercadoria.

Outrora, a raridade do ouro e da prata conferia lastro ao valor da moeda. Hoje, a escassez da atenção humana é o que dá valor ao acúmulo de curtidas, visualizações e compartilhamentos. Instantes de atenção humana são hoje a nova moeda social que determina o valor da nossa mídia.[3] A razão disso é que nosso precioso tempo se esgota, mais cedo ou mais tarde. Nas palavras de Satya Nadella, presidente da Microsoft: "Estamos transitando de um mundo em que a capacidade de processamento dos computadores era escassa, para um no qual ela é praticamente ilimitada e a atenção humana vai se tornando a mercadoria realmente escassa".[4]

De novo: a atenção humana é um jogo de soma zero. Em algum momento, somos obrigados a fechar todas as nossas telas e cair no sono — o que faz do *sono* o inimigo dos fabricantes de

---

2 Ben Thompson, "The Facebook Epoch", stratechery.com, 30 set. 2015.
3 Martin Burckhardt e Dirk Hofer, *All and Nothing: A Digital Apocalypse* (Cambridge, MA: MIT Press, 2017), 38.
4 Polly Mosendz, "Microsoft's CEO Sent a 3,187-Word Memo and We Read [I]t So You Don't Have To", theatlantic.com, 10 jul. 2014.

espetáculos digitais (aliás, o presidente do Netflix, o gigante da transmissão de vídeo, chamou o sono de seu principal concorrente).[5] Os gigantes do entretenimento são vitoriosos quando conseguem nos manter embriagados em seus programas até tarde da noite; essa é a razão pela qual a Hulu, a gigante do vídeo digital, fez uma parceria com a Visine, uma fabricante de colírios, para criar um comercial sobre como ambas as empresas trabalham juntas para nos ajudar a nos entupirmos de mais vídeos, em nosso abusivo vício de telas, manhã, tarde e noite.[6]

Nossa atenção consciente é hoje um bem escasso e precioso para os engenheiros das guloseimas para os olhos. E o que captura a maioria dos olhos não é simplesmente a transmissão ao vivo de uma perseguição policial, mas o "final marcante" da perseguição, a conclusão abrupta — a batida, os pneus queimando, o bloqueio na pista, o tiroteio. Essa pressa em chegar ao ponto foi antecipada por Ray Bradbury em seu romance *Fahrenheit 451* — título que faz referência à temperatura em que livros pegam fogo.[7] Uma geração criada à base de TV a cabo e controle remoto deu lugar a uma geração digital, acostumada a assistir a vídeos de relance, acelerar e avançar dez segundos em busca do "final marcante". A proliferação de pequenos espetáculos significa que precisamos acelerar a maneira como os processamos. Ir direto ao ponto, como a personagem de Bradbury explica: "Acelere o filme, Montag, rápido. Clique, Fotografe, Olhe, Observe, Filme, Aqui, Ali, Depressa, Passe, Suba, Desça, Entre, Saia, Por Quê,

---

[5] Peter Kafka, "Amazon? HBO? Netflix Thinks Its Real Competitor Is... Sleep", recode.net, 17 abr. 2017.
[6] Video, "Hulu + Visine View Better", youtube.com, 30 jan. 2017.
[7] N.T.: Aproximadamente 233 °C.

Como, Quem, O Quê, Onde, Hein? Ui! Bum! Tchan! Póin, Pim, Pam, Pum! [...] Política? Uma coluna, duas frases, uma manchete! Depois, no ar, tudo se dissolve! A mente humana entra em turbilhão sob as mãos dos editores, exploradores, locutores de rádio, tão depressa que a centrífuga joga fora todo pensamento desnecessário, desperdiçador de tempo!".[8]

Bradbury viu com clareza. Por trás das linhas de montagem das fábricas de espetáculo, por trás das cortinas das mídias sociais, tudo é feito e visto com um único objetivo — o final marcante. Esportes se transformam em clipes de quatro segundos. Filmes se tornam GIFs de cinco segundos. A política se torna tuítes de seis segundos. A filmagem de um caçador de tornados se torna um dramático vídeo de vinte segundos.

O mais engenhoso nisso tudo é que esse fluxo de intermináveis imagens reluzentes perante nossos olhos não é aleatório, mas guiado por novas sugestões personalizadas de acordo com o que mais nos interessou no passado. Todos os vídeos a que assistimos anteriormente; os sapatos que compramos; os clipes que curtimos; os termos que buscamos; os programas que "maratonamos"; os filmes que alugamos — cada decisão digital anterior, até mesmo aquelas das quais nos arrependemos — informam um algoritmo digital que refina e direciona para nós uma oferta do que há de capturar nossos olhos em seguida. Nossa atenção é voluntariamente estilhaçada num milhão de pedaços, guiada por nossas necessidades impulsivas, capturada em nossos perfis digitais e, então, explorada pelos mercadores do espetáculo.

---

8 Ray Bradbury, *Fahrenheit 451*, 50th anniversary ed. (New York: Simon & Schuster, 2012), 52 [a citação é da edição em português: *Fahrenheit 451: a temperatura na qual o papel do livro pega fogo e queima* (São Paulo: Globo, 2012)].

CAPÍTULO 13
O ESPETÁCULO DO CORPO

Em 6 de agosto de 1984, a capa da revista *Newsweek* anunciava "A revolução do vídeo". O momento marcava uma mudança gigantesca na distribuição de vídeo, inteiramente possibilitada pelo gravador de videocassete (VCR). Pela primeira vez, o VCR permitia que os grandes filmes do cinema fossem exibidos na TV da sala de estar. O VCR tornou possível gravar programas ao vivo numa fita cassete e, então, rebobiná-los e reexibi-los. Filmadoras portáteis permitiram que as famílias, com facilidade, capturassem suas memórias em cores. E, é óbvio, o videocassete "libertou" a indústria de filmes pornôs dos decadentes cinemas de bairros boêmios, expandindo o seu alcance para dentro da privacidade (e anonimato) do lar.

Sempre que a tecnologia de vídeo avança, os lucros dos pornógrafos aumentam. A indústria pornográfica é a mais lucrativa das indústrias de vídeo porque ela captura o que há de mais atraente ao olhar das massas humanas — um anseio primitivo, um desejo não meramente pela nudez, mas por corpos, objetos, espetáculos da lascívia. A pornografia é tanto um jogo de lascívia quanto um jogo de poder, e nenhum espetáculo é mais culturalmente poderoso.

A história de Davi e Bate-Seba permanece como uma das mais lendárias histórias do poder masculino e da lascívia desenfreada usurpando o espetáculo da nudez de um corpo feminino.[1] De pé no terraço de sua casa, contemplando a cidade sob seu controle, Davi observou uma mulher tomando banho. Bate-Seba não estava relaxando numa banheira de espuma, como parte de uma regalia diária ou um conforto relaxante. Como qualquer judia devota, ela se banhava uma vez ao mês como uma necessidade cerimonial ajustada ao seu ciclo biológico, o que significa que ela se achava num momento de intimidade exigido pela pureza ritual. Seu banho era um sinal de sua renovada disponibilidade sexual para seu marido (agora longe, lutando a guerra do rei). Sem que ela soubesse, Davi transformou o seu momento privado de obediência a Deus num espetáculo de sua lascívia voyeurística. Isso nos deixa desconfortáveis, e é esse o objetivo da história — estigmatizar o olhar adúltero do rei para com o corpo de outrem.

Esse espetáculo invasivo é um protótipo de toda pornografia digital: uma mulher diante dos olhos de um homem que, para ela, permanece invisível. Com um cardápio interminável de pornografia digital para olhos sedentos de espetáculos, a lascívia sexual hoje se torna em cadeias de vício que não podem ser quebradas, exceto por uma resistência resoluta e pelo poder sobrenatural. O proverbial rei em seu terraço, com a atração desenfreada de olhos lascivos, tornou-se todo homem

---

1 2Sm 11.1-12.23.

e toda mulher num momento de ócio e com curiosa atração por nova pornografia. A internet oferece dez mil corpos à disposição para se exibirem, num harém de proporção salomônica (multiplicado por dez!).

"Biologicamente, parece que o aparato visual está muito mais conectado à sexualidade masculina", diz a feminista Camille Paglia.[2] Os olhos lascivos de um homem são poderosamente capturados pelo corpo de uma mulher. A mulher sexualizada e ostentada é uma estratégia infalível para espetáculos que almejam agarrar um homem pelas pupilas. Porém, o fenômeno também funciona de modo relacional. "É isso que as mulheres não entendem", adverte Paglia, "elas pensam que podem vestir qualquer tipo de fantasia sexual e que isso é apenas decorativo, que isso não traz consigo sua própria mensagem. Elas não veem as coisas tão visualmente quanto os homens". Em suma, ela diz, "há uma carga sobre a sexualidade feminina. Hoje, jovens mulheres desejam exercer o poder da sexualidade feminina sem aceitarem as suas consequências".[3]

Sem elaborar tais consequências (uma ampla discussão e debate que não cabem aqui), o argumento central de Paglia é importante. A sexualidade feminina é um espetáculo eletrizante; e toda mulher aprende sobre essa misteriosa voltagem que emprega para controlar a atenção dos homens, um poder que aumenta se ela estiver disposta a revelar mais de suas curvas desimpedidas e expor mais da sua pele. O sexo rende boas vendas e, ao oferecer mais do seu corpo, a mulher sexualizada

---

2 American Enterprise Institute, "Christina Hoff Sommers and Camille Paglia on the 'Male Gaze'", 23 jun. 2016, YouTube.com. Ver também Slavoj Žižek, "Sign a Contract Before Sex? Political Correctness Could Destroy Passion", rt.com, 25 dez. 2017.
3 American Enterprise Institute, "Christina Hoff Sommers and Camille Paglia".

pode vender curtidas e "favoritadas" nas mídias sociais. A mulher sexualizada pode vender qualquer coisa — cerveja gelada, refrigerantes gaseificados, desodorante masculino, planos de academia, novos carros, programas de TV, filmes de ação, jogos de videogame e pacotes de viagem. Quanto mais pele visível, mais irresistível o espetáculo. Porém, esses espetáculos da sexualidade feminina, com toda a sua potência, fazem apodrecer uma das mais preciosas instituições sociais. O imundo pornógrafo, o homem sedutor do comercial e a mulher ingênua, cada um emprega uma alta voltagem de poder para despertar a lascívia, uma potência radioativa que nenhum deles compreende por completo — um poder que atrai olhares e atenção, sim, mas ao mesmo tempo endurece corações, corrói casamentos, objetifica o corpo feminino e se torna um obstáculo ao santuário privado da sexualidade, indispensável para que casamentos em qualquer cultura perdurem e floresçam.

Por um lado, as mulheres são feitas objetos sexuais diante de voyeurs masculinos. Por outro, as mulheres voluntariamente se objetificam, ostentando seu apelo sexual como um jogo de poder contra os homens. Ambos são condenados na Escritura. A Bíblia, de uma só vez, celebra o olhar nupcial para a nudez, dentro do pacto do casamento;[4] proíbe a imodéstia feminina em público;[5] e proíbe o olhar lascivo dos homens sobre o corpo das mulheres, esteja ele nu ou vestido.[6]

Enquanto o voyeurismo de Davi nos deixa muito desconfortáveis, nossos espetáculos nos deixam mais e mais confortáveis como homens que assistem à presença sexualizada

---

4 Ct 4.1-16.
5 1Tm 2.9-10; 1Pe 3.3-4; Ap 17.1-6.
6 2Sm 11.2; Jó 31.1; Mt 5.28.

das mulheres — o olhar masculino da lascívia. É esse olhar obsceno do homem que degrada a mulher, separando a sua sexualidade do seu ser; vendo-a como uma atriz erótica divorciada da sua pessoa; uma mulher objetificada e desumanizada pelos olhos desenfreados da lascívia masculina; um espetáculo da carne para ser usado e, então, descartado.[7]

Todavia, o voyeurismo de Davi em seu terraço é, agora, risível aos olhos de uma geração com telas de alta resolução, com zoom capaz de aproximar nosso olhar lascivo tão perto do nosso objeto quanto desejarmos.

◇◇◇◇◇◇◇◇◇◇◇◇◇◇

Poderíamos observar muitas outras maneiras pelas quais os espetáculos dominam a cultura, mas temos de avançar para assuntos mais importantes. Pois a política, o poder, a guerra, o sexo, os esportes, as redes sociais, os games ou o entretenimento, os melhores espetáculos prendem a atenção da massa. O que mantém nossa cultura unida já não são as crenças compartilhadas, e sim os espetáculos compartilhados. Como fantasias de Halloween concebidas para combinar com os filmes mais populares, nós buscamos nossa autoidentidade dentro dos espetáculos culturais que compartilhamos.

Espetáculos virais são a nova moeda corrente nas áreas do poder social, da força política, do marketing pessoal e da prosperidade financeira. Mesmo os vídeos mais curtos são moedas poderosas — usadas para provocar agitação social, fazer lobby

---

7 Ver Roger Scruton, *Sexual Desire: A Philosophical Investigation* (New York: Bloomsbury Academic, 2006) [edição em português: Desejo sexual: Uma investigação filosófica (Campinas, SP: Vide, 2016).

por reformas culturais, gerar força política, ou acumular poder econômico nas mãos dos fabricantes de espetáculos. Para o bem ou para o mal, os espetáculos culturais são a moeda para se acumular poder. Sem filmagens comoventes ou ícones visuais, esses poderes de massa são mais difíceis de reunir. Porém, uma filmagem comovente congrega e agita as massas.

Em meio a esses jogos de poder, esse escambo nas bancas dos fabricantes de espetáculos, a igreja é chamada para ser separada e permanecer distinta dos espetáculos da nossa era, a fim de poder fazer as perguntas críticas, até mesmo as autocríticas.

CAPÍTULO 14
A IGREJA NO MERCADO DA ATENÇÃO

Na longa história da atenção dada e recebida, a igreja já desfrutou de um lugar de destaque. Contudo, essa dominação já não existe, como afirma Tim Wu, professor de direito e especialista em tecnologia, em seu livro *The attention merchants: the epic scramble to get inside our heads* ("Mercadores de atenção: a corrida épica para invadir nossas mentes"). "Para ser exato, não é como se antes do século XX todo mundo estivesse andando pela rua e pensando em Deus o tempo todo", escreve.[1] "Todavia, a Igreja era a única instituição cuja missão dependia de ela despertar atenção; e, por meio de seus ofícios diários e semanais, assim como do seu papel por vezes central na educação, foi exatamente isso que ela conseguiu realizar. No alvorecer das indústrias da atenção, pois, a religião ainda era, num sentido muito real, a força

---

1 Tim Wu, *The Attention Merchants: The Epic Scramble to Get Inside Our Heads* (New York: Knopf, 2016), 27.

dominante, o único empreendimento humano de larga escala concebido para capturar a atenção e usá-la. Porém, ao longo do século XX, a religião organizada, que havia resistido às dúvidas lançadas pelo Iluminismo, se mostrou vulnerável a outras reivindicações e usos da atenção".[2]

Historicamente, a religião foi a força-motriz que moldava toda a imaginação coletiva de uma cultura, mas os fabricantes de espetáculos usurparam esse papel atualmente. Nossa mídia se esforça para cativar nossa imaginação — não com um novo deus, mas com um novo xampu. Bens de consumo são apresentados em pixels ante nossos olhos e somos convidados a experimentá-los. Essa nova habilidade de monetizar o olhar humano inaugurou uma economia da atenção comandada pelos mercadores da atenção.

Talvez um tanto exagerado, o argumento de Wu é importante pela simples razão de que Jesus claramente advertiu seus seguidores, no primeiro século, a se guardarem do desejo consumidor da riqueza. O amor ao dinheiro era (e permanece sendo) uma idolatria devastadora, empurrando a atenção humana para longe da mensagem do evangelho.[3]

Uma vez que a atenção humana sempre foi seduzida para longe do peso das coisas eternas e fisgada pela isca reluzente das coisas que desvanecem, a igreja jamais desfrutou de exclusividade no mercado da atenção humana. Mas a observação de Wu é importante de ser considerada, especialmente na medida em que ele traça a história dos magnatas do mercado de atenção, os quais monetizaram a imprensa, a televisão, a internet e, por fim, o smartphone.

---

2 Ibid.
3 Mt 13.22; Mc 4.19.

O surgimento da saturação midiática, mirando em cada momento de nossa vida, inaugurou uma nova era de competição com o evangelho pelo olhar humano.

Esse arrebatamento da atenção culturalmente amplo é um desafio à igreja, de duas maneiras óbvias. Primeiro, em nossas tentativas de alcançar os perdidos, competimos com os espetáculos fragmentados que sugam vida de sua atenção e foco sóbrios. Segundo, perdemos a habilidade de desconectar da cultura a fim de florescer em comunhão com Deus. A oração exige nossa atenção centrada em Deus. Na oração, nós separamos um momento (ou um período mais longo) para conscientemente orar ao Pai, em nome do Filho, pelo Espírito Santo — não apenas em nossas súplicas matinais ou ao darmos graças nas refeições, mas também em breves petições que aspergem vida divina ao longo de nossos dias.

Paulo nos chama à disciplina da oração. Não apenas devemos orar sem cessar; devemos orar sem cessar num espírito de destemida vigilância — isto é, com toda a atenção.[4] Talvez o melhor exemplo do que significa experimentar uma produtiva e incessante vida de oração venha de Charles Spurgeon, pregador do século XIX, o qual disse a um amigo: "Sempre considero apropriado simplesmente apresentar umas poucas palavras de oração entre todas as minhas atividades".[5] Orar sem cessar não é negligenciar os deveres diários. Não é ser multitarefas, com nossa atenção dividida entre Deus e o trabalho. Orar sem cessar exige que façamos transições momentâneas em nosso dia, para raros momentos de silêncio, e

---

4 Ef 6.18; 1Ts 5.17.
5 W. Y. Fullerton, *Charles Spurgeon: A Biography: The Life of C. H. Spurgeon by a Close Friend* (North Charleston, SC: CreateSpace, 2014), 135.

que voltemos nossa atenção para o próprio Deus; porém esses momentos são agora saqueados e roubados pela mídia digital.

Talvez a falta de oração seja culpa das minhas mídias. Certamente, é culpa do meu coração. Nas pequenas brechas de tempo em meu dia, com minha atenção limitada, estou mais pronto a conferir ou alimentar minhas redes sociais do que estou disposto a orar. Por causa da minha negligência, Deus fica cada vez mais distante da minha vida.

Sim, existem aplicativos e alarmes para nos lembrar de orar. É bom usá-los. Porém, na era digital, intervalos de nove segundos de atenção se dissipam em meio a quatrocentos módulos de espetáculo por hora de Snapchat — um caos espiritual concebido não a serviço da alma, mas a serviço dos mercadores de atenção. Nossa atenção é finita, mas nosso chamado à oração persistente é claro. É hora de sermos honestos. O pior de nossos hábitos compulsivos pelas mídias sociais está preenchendo nossos dias por completo e corroendo nossa vida de oração.

Sendo assim, como os cristãos podem florescer nessa era digital saturada de espetáculos?

PARTE 2
O ESPETÁCULO

CAPÍTULO 15
ESPETÁCULOS EM TENSÃO

A primeira menção a "espetáculos" numa publicação em língua inglesa remonta a Richard Rolle, pregador cristão, místico e eremita.[1] Na década de 1340, ele publicou uma tradução comentada dos Salmos e fez uma observação no Salmo 40.4 ("Bem-aventurado o homem que põe no Senhor a sua confiança e não pende para os arrogantes, nem para os afeiçoados à mentira"). Rolle acrescentou ao texto considerações sobre o cristão que é "bem-aventurado" porque confia em Cristo somente, que "espera nele, não nas coisas corporais ou terrenas" e foge das vaidades do mundo. O cristão, disse Rolle, afasta os seus olhos das tolas ilusões das "abomináveis lascívias deste mundo, tais como o saltitar e o dançar dos acrobatas e das meretrizes, bem como outros *espetáculos*" que fazem o homem perder sua atenção de Deus e prestar atenção ao diabo.[2]

---

1 Cf. *Oxford English Dictionary*, 2. ed., 20 vols. (Oxford, UK: Oxford University Press, 1989).
2 Richard Rolle of Hampole, *The Psalter or Psalms of David, and Certain Canticles* (Oxford, UK: Clarendon Press, 1884), 147. O comentário dele é na tradução da Vulgata Latina, Salmo 39.5, ou o que conhecemos como o Salmo 40.4. Citação ligeiramente alterada para facilitar a leitura.

Bufões, ilusionistas e ginastas — aparentemente, esse era o trio das opções de entretenimento popular naquela época. Dessa introdução medieval, a palavra *espetáculos* trouxe clareza à tensão por atenção que existe fundamentalmente nesta vida, entre as fascinações do mundo e a devoção cristã. Espetáculos disputam com Deus por nossa atenção.

Repito: nossa cultura não é a primeira a viver numa era capturada por vãos espetáculos. Até mesmo as gerações anteriores à mídia de massa eram, em alguma medida, culturas visuais, o que torna os espetáculos uma questão perene, com a qual nossos ancestrais na fé também lutaram enquanto viviam sob o lema: "Andamos por fé e não pelo que vemos" (2Co 5.7).

Muito antes de Rolle, os Pais da Igreja primitiva enfrentaram a questão de se os cristãos podiam assistir a jogos pagãos ou participar dos esportes sangrentos de Roma. Tertuliano escreveu um livro inteiro para definir o ídolo do entretenimento em *De Spectaculis*, uma longa resposta à sugestão de que um cristão poderia alimentar-se dos espetáculos culturais da época sem nenhum efeito nocivo à sua fé. Sobre o teatro, ele perguntou: por que seria lícito assistir a um ator fazer aquilo que é pecado fazer? Como os cristãos podem apreciar assistir, no palco, a um pecado que seria condenado nas ruas? Ele condenou os esportes violentos que desfiguram o corpo daqueles que são portadores da imagem de Deus. Ele lamentou pelos cristãos que continuavam "suspirando pelas traves do gol, pelo palco, pela poeira, pela arena".[3] Você deseja um espetáculo de encher os olhos? "Mas que espetáculo já está às portas — o retorno do Senhor!"[4]

---

3 *Tertullian: Apology and De Spectaculis. Minucius Felix: Octavius*. Loeb Classical Library 250 (Cambridge, MA: Harvard University Press, 1931), 295.
4 Ibid., 297.

Ele termina o livro com uma lição vigorosa, sustentando que os cristãos deveriam antecipar prazeres e alegrias superiores àqueles então oferecidos por todos os espetáculos dos circos, teatros e estádios juntos.

Em suas *Confissões*, Agostinho lidou com as mesmas preocupações a respeito de peças pagãs e da carnificina do Coliseu. Ele concluiu que nem mesmo os dramas no teatro são diversão inofensiva; antes, são geladeiras que esfriam os corações cristãos ao condicionarem os espectadores a se tornarem observadores passivos dos conturbados problemas e necessidades daqueles que sofriam no palco.

Os puritanos fizeram perguntas semelhantes e labutaram incessantemente para fechar os teatros de Londres, por décadas, desde 1576 até lograrem êxito em 1642.

Nem sempre os cristãos têm sido caridosos nesses debates e, com frequência, demonstraram estar sem razão e equivocados em suas preocupações. Porém, minha intenção aqui é mostrar que hoje, quando cristãos expressam preocupações sobre cinema, TV, mídias sociais e jogos, essas preocupações seguem uma longa linhagem de questões formuladas pela igreja.

CAPÍTULO 16

PRYNNE E SUA NOTA DE RODAPÉ

Em cada geração, líderes cristãos têm expressado alertas quanto à indústria do espetáculo. Podemos rejeitar algumas de suas conclusões exageradas. Porém, eles também trouxeram algumas lições importantes que podemos aprender. Um exemplo misto é a luta dos puritanos contra as peças de teatro na Londres do século XVII — teatros que haviam se tornado famosos por causa de William Shakespeare.

Os puritanos se opunham ao teatro por diversas razões. Os teatros ajuntavam multidões num espaço diminuto e, numa era suscetível a pragas, eles cultivaram uma embrionária preocupação com a saúde pública. As estruturas de madeira poderiam desmoronar com o grande número de espectadores, ou tornar-se o barril de pólvora para incêndios catastróficos. Mesmo quando os teatros eram seguros contra epidemias, desmoronamentos e incêndios, os bairros onde se localizavam eram um chamariz de prostituição e jogos de aposta. Os teatros eram um risco, não só à saúde pública, mas também à saúde moral; e eles foram alvo dos puritanos, os quais "fecharam os teatros não por não apreciarem as artes cênicas, mas porque os teatros de seus dias eram lugares imorais e desmoralizantes", tanto nos roteiros quanto na localização.[1]

Entre os antagonistas dos teatros londrinos no século XVII, destacou-se a voz especialmente barulhenta de William Prynne, um advogado que empregou sua mente de promotor para montar um caso gigantesco contra a indústria das peças de teatro. Ele escreveu um livro intitulado *Histriomastix: The Player's Scourge, or Actor's Tragedy* ("Histriomastix:[2] o flagelo do artista, ou a tragédia do ator"), publicado em 1633 — uma obra enciclopédica, de mil páginas, infame e que destruía a reputação da dramaturgia.

Seria injusto associar com Prynne os pregadores puritanos que conhecemos da história. Ele era provocador, independente, desbocado e impelido a publicar um imenso compêndio de todos os argumentos que pudesse encontrar contra o teatro. No auge da animosidade puritana contra as peças londrinas, suas provocações se tornaram uma arma — afiada, impressa e diretamente voltada contra tudo de perigoso e degenerado que pudesse haver nos teatros de Londres.

De novo: os pregadores puritanos não se opunham aos teatros em si; eles se opunham ao pecado que aqueles teatros apresentavam, no palco, e atraíam, fora do palco. Dos púlpitos, eles alertavam contra as seduções da indústria do

---

[1] J. I. Packer, *God's Plans for You* (Wheaton, IL: Crossway, 2001), 84.
[2] N.T.: A palavra é um neologismo e significa "uma crítica severa aos dramaturgos", cf. Walter W. Skeat e A. L. Mayhew, *A Glossary of Tudor and Stuart Words Especially from the Dramatists* (Oxford: Clarendon Press, 1914), 195.

entretenimento, ao mesmo tempo em que mantinham a esperança de que, um dia, dramas e comédias edificantes seriam escritos e encenados.³

Aquela esperança, porém, foi ofuscada pelo livro rabugento de Prynne, que censurava os atores como "geralmente a encarnação da imundície e escória; os mais obscenos, os mais abjetos, os piores e mais perniciosamente depravados dentre os filhos dos homens".⁴ Em uma de suas muitas notas de rodapé, Prynne publicou um insulto contra as atrizes de Londres que trabalhavam no popular Teatro Blackfriars, chamando-as de "descaradas, vergonhosas, menos do que mulheres, desajeitadas, semelhantes a prostitutas".⁵ Editado e impresso, o livro foi lançado cerca de um mês antes de a rainha Henriqueta Maria fazer uma célebre aparição no palco do Teatro Blackfriars.⁶ O comentário era grosseiro, a ocasião, inoportuna, e o rei Carlos I interpretou a nota de rodapé como uma ofensa pessoal. Prynne foi preso, encarcerado e multado, perdeu seu diploma de Oxford e foi amarrado ao pelourinho — onde suas orelhas foram "aparadas", isto é, cortadas na parte de cima.⁷ Porém, isso não o deteve. Enquanto estava na prisão, ele continuou a escrever e publicar panfletos ácidos. Após um segundo processo anos depois, perante

---

3 "Creio ser possível redigir e encenar uma comédia ou tragédia que seja lícita e de grande edificação". Richard Baxter, *The Practical Works of the Rev. Richard Baxter* (London: James Duncan, 1830), 5:483.
4 William Prynne, *Histrio-mastix: The Players Scourge, or, Actors Tragœdie* (London, 1633), 133.
5 Ibid.
6 Elbert N. S. Thompson, *The Controversy Between the Puritans and the Stage* (New York: Henry Holt, 1903), 176.
7 Sidney Lee, ed., *Dictionary of National Biography* (London: Oxford University Press, 1896), 46:432.

uma grande multidão de espectadores, um carrasco marcou a ferro quente as iniciais "SD" (de "Sedicioso Difamador") no rosto de Prynne e, então, cortou por completo o que havia sobrado de suas orelhas, com uma faca quente. Para completar, o carrasco ultrapassou as ordens oficiais e fez cortes por todo o rosto de Prynne, abaixo das orelhas, por suas bochechas e pescoço, e por pouco não acertou sua veia jugular. Encharcado de sangue, queimado e marcado, Prynne foi tirado de frente da multidão com uma orelha perdida e a outra, pendurada por um fio de carne (depois removida por um cirurgião). A imagem desse rosto marcado e ensanguentado fez do próprio Prynne um espetáculo, um ícone tão vívido do ostracismo que Nathaniel Hawthorne, posteriormente, chamaria uma de suas personagens — a famosa adúltera — de Hester *Prynne*.[8]

Seria um equívoco, porém, simplesmente fechar os livros de história e ignorar William Prynne por sua abordagem agressiva e infame; afinal, o seu ataque aos teatros também desferiu alguns golpes bons e certeiros. Talvez o golpe mais duro tenha sido desferido nas páginas de abertura de sua introdução, em que ele escreveu o seguinte:

> Assim, que outros homens, os quais amam suas peças teatrais mais do que o seu Deus e suas almas, frequentem os teatros enquanto desejarem; mas que Cristo Jesus seja o teu tudo em todos, teu único conforto, teu único *Espetáculo* e alegria na terra; que a presença dele, a qual arrebata a alma e enche o coração, seja o teu eterno consolo — o teu

---

8 N.T.: Referência à protagonista do livro *A letra escarlate*.

perene, visível, glorioso e mais triunfante *Espetáculo* nos altos céus, para onde Deus levará a todos nós afinal, por causa de seu Filho e de suas misericórdias.[9]

Observe o jogo que ele faz com a palavra *espetáculos*. Prynne acertou em cheio algo que merece nossa reconsideração na era digital; e ele absorveu essa lição de pensadores cristãos de gerações anteriores, como Agostinho. Enquanto fazia minha pesquisa para este livro, sentado numa sala cheia de livros velhos, mofados e deteriorados, cheguei ao parágrafo acima e essa frase expressou bem as tensões que eu havia sentido, por anos, em nossa era de espetáculos. E se a verdade for que nós, cristãos — especialmente na era digital —, não mais vivemos num teatro de *espetáculos mutuamente excludentes*, como Prynne sugere aqui? E se a verdade for que nós vivemos numa era de *espetáculos concorrentes*?

---

9   Prynne, *Histriomastix*.

CAPÍTULO 17

O MAIOR ESPETÁCULO DA TERRA

Neste mundo amante de espetáculos, com todos os seus fabricantes e as suas indústrias de espetáculos, veio o mais grandioso Espetáculo já concebido na mente de Deus e apresentado na história mundial: a cruz de Cristo. É o ponto de virada da história, a passagem de "a.C." para "d.C.", em que todo o tempo se choca, em que todos os espetáculos humanos se encontram diante do único, do insuperável, do cósmico espetáculo divino.

O ato da crucificação, repetido milhares de vezes no Império Romano, era um espetáculo de sucesso garantido no tocante a atrair atenções. O ato de pendurar corpos vivos em madeiros, ao longo de estradas públicas, era um esporte sangrento para as massas romanas — um esporte público e visível, não confinado à arena. Simbolicamente, a crucificação era o modo de Roma mostrar os bíceps malhados do seu poder dominante para um público de espectadores boquiabertos.

Era uma punição tão cruel que, pela lei, cidadãos romanos não podiam ser crucificados. A cruz estava reservada para a desumanização pública de escravos rebeldes, uma forma de intimidação para manter contida, intimidada e ordeira a ampla classe servil romana.[1]

O alvo da crucificação era nada menos que "excluir as vítimas de serem consideradas membros da raça humana", uma "exterminação ritualizada" de criminosos que não mereciam viver.[2] Era uma dramatização, diz um teólogo — "a zombaria e o escárnio que acompanhavam a crucificação não eram apenas permitidos, eram parte do espetáculo e integravam a programação".[3] A crucificação envolvia participação masoquista. "Todos entendiam que o papel específico do transeunte era exacerbar a desumanização e degradação do indivíduo o qual havia sido daquele modo designado para servir de espetáculo. A crucificação era engenhosamente concebida — podemos dizer, diabolicamente concebida — para ser quase uma encenação teatral dos impulsos sádicos e inumanos que habita nos seres humanos".[4]

Como nos diz o Evangelho de Lucas: "a multidão [...] se ajuntara a este espetáculo" (23.48, ACF). A Escritura havia predito que Cristo veria as massas "olhando e encarando" (Sl 22.17). Essa encenação teatral do sadismo no coração humano ajuntou uma grande multidão. E que show eles presenciaram! Um homem zombado, escarnecido, espancado, ensanguentado e levantado num madeiro. Mas eles também

---

1 Martin Hengel, *Crucifixion* (Minneapolis: Fortress Press, 1977), 51-63.
2 Fleming Rutledge, *The Crucifixion: Understanding the Death of Jesus Christ* (Grand Rapids, MI: Eerdmans, 2015), 91-92.
3 Ibid.
4 Ibid.

viram a criação se arrepiar. A terra tremeu. O véu do templo se rasgou de alto a baixo. O sol do meio-dia escureceu por três horas. Sepulcros se racharam e abriram. Os corpos mortos de muitos cristãos foram ressuscitados.

A morte de Jesus Cristo não foi só mais um espetáculo de crucificação; foi o ápice de todos os espetáculos de crucificação. Para os romanos, "toda cruz era um trono de zombaria para os rebeldes", mas, segundo a Escritura, a cruz de Cristo "foi uma paródia de coroação e entronização".[5] A cruz de Cristo foi o maior espetáculo da História cósmica por causa de suas irônicas subversões. Ali, na colina do Calvário, Cristo despojou "os poderes e as autoridades" e, em sua vitória, "fez deles um espetáculo público, triunfando sobre eles na cruz" (Cl 2.15 NVI). Morrer num madeiro era morrer sob a maldição de Deus. Mas, pendurado num madeiro, Cristo se fez maldição por nós.[6]

Num terreno vasto, poderíamos crucificar de novo cada um dos prisioneiros, escravos e inimigos derrotados dentre as dezenas de milhares da história romana — ou, pelo menos, poderíamos recriar a cena com tecnologia de computação gráfica —, mas este Rei crucificado permanece em si mesmo o mais grandioso Espetáculo.

Dali em diante, Deus tencionou que todos os olhares humanos estivessem centrados nesse momento climático. É como se Deus nos dissesse: "Este é meu Filho amado, crucificado por você, um Espetáculo para capturar o seu coração para sempre!". Ou, como Agostinho disse na era dos

---

5 Peter J. Leithart, *Defending Constantine: The Twilight of an Empire and the Dawn of Christendom* (Downers Grove, IL: IVP Academic, 2010), 24.
6 Dt 21.22-23; Gl 3.13-14.

espetáculos romanos: "Não pensem vocês, irmãos, que o nosso Senhor Deus nos deixou sem espetáculos". Não, pois não há no mundo nada mais grandioso para se ver do que isto: "o leão derrotado pelo sangue do Cordeiro".[7] Por intenção divina, os cristãos são pró-espetáculo; nós entregamos toda a nossa vida a esse grande Espetáculo, agora historicamente passado e presentemente invisível.

Pela fé, esse Espetáculo definitivo é agora a vida que eu vivo. O espetáculo supremo da cruz entra em rota de colisão cósmica com os espetáculos deste mundo. E nós estamos bem no meio. Agora, estou crucificado para o mundo, e o mundo está crucificado para mim.[8] Nossa reação ao espetáculo definitivo da cruz de Cristo é o que nos define.

Dependendo de como você a enxergue, a cruz é um de dois espetáculos — a zombaria de um falso rei ou a coroação do verdadeiro Rei do universo. Ou a cruz foi um trágico mal-entendido e o brutal assassinato de um homem inocente, ou ela foi um espetáculo planejado de antemão e orquestrado por Deus para exibir ao mundo uma beleza insuperável.

O espetáculo de Cristo é poderosamente enfatizado na conversão, quando eu olho para a minha vida em retrospectiva e vejo que meus pecados foram lanças que perfuraram o corpo ensanguentado de Cristo. Ele, que me ama, foi traspassado por mim.[9] A olhos inocentes — e a olhos redimidos — a

---

7 Agostinho de Hipona, "Lectures or Tractates on the Gospel According to St. John," in *St. Augustin: Homilies on the Gospel of John, Homilies on the First Epistle of John, Soliloquies*, ed. Philip Schaff, trans. John Gibb and James Innes, vol. 7, A Select Library of the Nicene and Post-Nicene Fathers of the Christian Church, First Series (New York: Christian Literature Co., 1888), 50.
8 Gl 2.20; 6.14.
9 Ver David Clarkson, *The Works of David Clarkson* (Edinburgh: James Nichol, 1864), 1:108.

cruz foi um espetáculo que este mundo nunca igualou e jamais igualará em peso, importância ou glória.

Por isso, o teólogo John Murray considerou apropriado referir-se à cruz de Jesus Cristo como "o mais solene espetáculo de toda a história, um espetáculo inigualável, único, singular e irrepetível".[10] Como a cobra peçonhenta fundida em bronze e levantada como um espetáculo de cura para sarar milhares de corpos envenenados, o corpo moído de Cristo foi levantado numa cruz romana como um espetáculo de cura para reviver milhões de almas pecadoras.[11] O levantamento de Cristo no Calvário constitui o ápice do espetáculo, que todos os outros espetáculos na história mundial jamais igualarão, o proeminente espetáculo da vida divina e do amor divino, livremente oferecidos ao mundo boquiaberto.

O eixo da cruz constitui o ponto de virada no plano de Deus para este universo.[12] A cruz aponta em quatro direções como o espetáculo que reúne os céus, a terra, todas as nações à sua esquerda e todas as nações à sua direita. Rejeitado pela terra, abandonado pelos céus, esta viga da cruz manteve bem abertos os braços do Salvador. Ali, a ira divina e a misericórdia divina se encontraram. Com intensidade maior até do que o dilúvio global, a cruz de Cristo foi uma exibição pública do justo furor de Deus contra bilhões de pecados, outrora deixados impunes, e agora julgados na plena manifestação da sua ira na história humana visível.[13]

---

10   John Murray, *Redemption Accomplished and Applied* (Grand Rapids, MI: Eerdmans, 2015), 76 [edição em português: Redenção consumada e aplicada (São Paulo: Cultura Cristã, 2010).
11   Nm 21.4-9; Jo 3.14-15.
12   Ef 1.10.
13   Rm 3.23-26.

À luz desse supremo espetáculo, Charles Spurgeon perguntou retoricamente: "Será que jamais houve um quadro semelhante àquele que Deus pintou com o pincel do amor eterno, mergulhado na tinta da ira do Todo-Poderoso no cume do Calvário?".[14] Resposta: não. Tomando sobre si a ira, este fardo de Cristo, invisível a olho nu, é o verdadeiro Espetáculo dentro do Espetáculo, um momento climático na história trinitária no qual o cálice cheio da ira de Deus foi entregue ao precioso Filho, para que ele bebesse até a última gota.[15] Aquele que não conheceu pecado foi feito pecado, tornou-se o nosso pecado e encarnou a plena impiedade de nossas iniquidades.[16] O espetáculo do corpo de Cristo foi fixado ante os olhos zombeteiros de homens ímpios, mas foi também fixado como o Espetáculo de propiciação e de absorção da ira ante os olhos de abandono de um Deus santo.[17]

"Ao investigar a impressionante cruz, o que eu vejo?", indaga Martyn Lloyd-Jones. "Vejo um espetáculo que o mundo jamais vira antes, e jamais verá de novo. [...] A cruz, com todos os seus poderosos paradoxos, é um espetáculo que torna pálido e insignificante tudo sobre o que você possa pensar na história, assim como tudo o que você possa imaginar".[18] E completa:

---

14 C. H. Spurgeon, *The Metropolitan Tabernacle Pulpit Sermons*, vol. 10 (London: Passmore & Alabaster, 1864), 359-60.
15 Is 51.17, 22; Jr 25.15-16; Ap 14.9-10; 16-9, em conexão com Mt 20.22-23; 26.39; Mc 10.38; 14.36; Lc 22.42; Jo 18.11.
16 2Co 5.21.
17 P. T. Forsyth, *Positive Preaching and Modern Mind* (New York: A. C. Armstrong, 1907), 318-19.
18 D. Martyn Lloyd-Jones, *The Cross: God's Way of Salvation* (Wheaton, IL: Crossway, 1986), 60, 64.

"Estamos vivendo numa era muito aficionada a espetáculos, no sentido de alguns acontecimentos e eventos notáveis e de algumas grandes performances. E o cristão se gloria na cruz como espetáculo, pois, quanto mais olha para a cruz, mais ele vê a glória de Deus lhe sendo revelada. Ela lhe exibe a glória do Deus trino: Deus Pai, Deus Filho e Deus Espírito Santo. Ele vê tudo isso resplandecendo sobre si."[19]

---

19 Ibid., 56.

CAPÍTULO 18
A CRUZ É MESMO UM ESPETÁCULO?

Num livro que trata de espetáculos na tela, numa cultura visual como a nossa, é mesmo apropriado trazer para a conversa a cruz que não podemos ver? Pode a cruz ser um *espetáculo* para nós hoje? Nenhum de nós a viu. Nós hoje só podemos ler sobre ela.

As questões enfrentadas pelos antigos cristãos gálatas podem nos ajudar a lidar com essas questões hoje. A igreja gálata tinha caído sob o feitiço de uma falsa promessa de redenção: Cristo mais as obras da lei. Eles estavam renunciando ao evangelho e abandonando Cristo; aquele era um movimento absurdo. Como podiam eles ceder à encantadora alucinação de um falso evangelho, como se a cruz de Cristo fosse insuficiente? Especialmente quando Paulo lhes havia dito que "foi diante dos seus olhos que Jesus Cristo foi exposto como crucificado" (Gl 3.1, NAA). Contudo, toda a evidência indica que os gálatas *não* estavam presentes ao evento da crucificação.

Sendo assim, como Paulo podia reivindicar que a igreja gálata havia *visto* Cristo crucificado diante dos seus olhos, como se ele houvesse sido retratado publicamente num quadro de avisos (προγράφω) da cidade? Talvez ele tivesse em mente o simbolismo da Mesa do Senhor, na qual a cruz toma a forma de um símbolo visível. Mas duvido que essa seja a explicação. Em vez disso, o argumento de Paulo é que a igreja gálata havia *visto* Cristo crucificado por meio da pregação apaixonada e cristocêntrica de Paulo. Por meio da pregação fervorosa de Paulo, a cruz, embora muito distante no tempo e no espaço, tornava-se próxima e presente. Não está claro o quanto Paulo era visualmente explícito, em sua pregação, acerca dos detalhes do Calvário; mas, de fato, vemos aqui que a morte de Cristo se tornava presente para eles — "de modo tão vívido e tão impressionante que os seus ouvintes imaginavam como se o evento ocorrera diante dos seus olhos".[1]

É precipitado demais descrever esses sermões como teatro apostólico. Em vez disso, o retrato da crucificação de Cristo que Paulo fazia em seus sermões era uma obra-prima de retórica gráfica (ou écfrase), o despertar da imaginação pictórica por meio de fortes poderes descritivos, de modo que a cruz de Cristo capturara a imaginação dos cristãos gálatas com vívida intensidade. Paulo só podia refletir sobre aqueles momentos empregando metáforas de olhos e visão, como se o espetáculo da cruz estivesse visualmente posto diante dos olhos deles, muito embora não estivesse.

Ainda hoje, a pregação clara e intrépida da cruz materializa o espetáculo da cruz diante da congregação, para aqueles

---

[1] Hans Dieter Betz, *Galatians: A Commentary to Paul's Letter to the Churches in Galatia* (Philadelphia: Fortress Press, 1979), 131.

que possuem fé para vê-lo. Pelo Espírito, nós *vemos* o espetáculo da cruz — pois nós *vemos* a cruz de Cristo ainda hoje, por meio de sermões, livros e cânticos fiéis, nos quais a mensagem da cruz está presente com a majestade que lhe é devida. Essa era a intenção de Paulo — que nós também *víssemos* Cristo, contemplando sua majestade e glória.

Contudo, esse grande espetáculo permanece invisível. Essa é uma marca distintiva dos cristãos, os quais não apenas atentam para o que se pode ver, mas contemplam os domínios da glória invisível.[2] Por essa fé, somos cheios de uma alegria indizível em Cristo, uma alegria que evoca a alegria dos primeiros crentes que viram fisicamente Cristo na terra.[3] Para nós, porém, a cruz é a pedagogia da fé, não da vista. No Calvário, "Satanás triunfou visivelmente, mas Cristo triunfou invisivelmente".[4] Essa é a razão pela qual filmes bíblicos e recriações cinematográficas da cruz nada acrescentam ao espetáculo da cruz, e, muitas vezes, roubam-lhe algo, deixando-nos com um imaginário vívido da tortura física e da derrota de um homem, mas esvaziando o espetáculo de suas mais surpreendentes glórias — incapazes de retratar na tela a divindade de Cristo ou a sua obra singular como o sacerdote que fez expiação; o Salvador que levou sobre si a ira; o cordeiro pascal; o servo sofredor; aquele que esmagou a cabeça da serpente; o homem de guerra cósmico; o capitão do segundo êxodo; e o alfa da nova criação.

---

2   2Co 4.18.
3   1Pe 1.8-9.
4   Thomas Manton, *The Complete Works of Thomas Manton* (London: James Nisbet, 1874), 18:213.

Nosso mundo diz que ver é crer, mas, para podermos ver a profunda glória da cruz, precisamos ver como Deus vê, não como o homem vê. Nós entesouramos o que é invisível e essa é, talvez, a grande fonte da tensão do espetáculo que existe entre esta era e a vida cristã. O grande espetáculo de Cristo crucificado é um espetáculo para os ouvidos, não um espetáculo para os olhos. Pois a fé vem não pelo ver, mas pelo ouvir.[5]

---

5 Rm 10.14-21; Gl 3.1-5.

CAPÍTULO 19

DOIS TEATROS CONCORRENTES

Essa tensão entre *espetáculos para os olhos* e *espetáculos para os ouvidos* não é peculiar a Agostinho no século V, Rolle no século XIV ou Prynne no século XVII. A tensão do espetáculo tem sido uma realidade para os cristãos pelo menos desde que Paulo escreveu sua carta aos Colossenses.

Os crentes do primeiro século viviam num mundo de maravilhas e obras-primas da inovação e do entretenimento humanos, uma hoste de glórias culturais e visuais que competiam com as glórias eternas e invisíveis. Para combater as seduções deste mundo, Paulo pregava Cristo crucificado — um espetáculo para o apetite insaciável da alma. Para vermos com ele faz isso, o cerne do livro de Colossenses pode ser dividido em cinco seções.

Seção 1: Paulo celebra o Espetáculo central do universo em Colossenses 1.15-2.15. Nenhuma passagem na Bíblia se eleva com igual majestade cristológica; e Paulo carrega essas poucas frases com a majestade e o esplendor do Salvador.

Cristo é o criador, sustentador, redentor e restaurador de todas as coisas. Ao ressuscitar, ele se torna o cidadão primogênito da nova criação. Antes de qualquer espetáculo existir, Cristo existia. Depois que todos os espetáculos deste mundo houverem passado, Cristo ainda reinará. A glória de Cristo enleva cada esquina do cosmo, mas o foco da visão de Paulo continua voltado para a cruz. A vitória de Cristo é o espetáculo que prende a atenção do universo.

Em sua prolongada morte, pendurado completamente nu diante do mundo,[1] Cristo expôs todos os poderes do pecado, tornando-os um espetáculo público de desprezo. No Calvário, Cristo, "despojando os principados e as potestades, publicamente os expôs ao desprezo, triunfando deles na cruz" (Cl 2.15). A crucificação pode ter se parecido com um espetáculo medonho de um rei destronado, zombado como uma fraude desprovida de poder e realeza. Mas o verdadeiro espetáculo da cruz e da ressurreição foi uma marcha de três dias celebrando a vitória sobre Satanás e todos os seus poderes, uma procissão triunfal muito além de qualquer outra jamais vista em Roma. A cruz não foi a derrota de Cristo, mas o seu triunfo, sua marcha de vitória — como um general condecorado sobre uma carruagem de duas rodas, percorrendo a cidade diante de multidões agitadas, ostentando comboios cheios de despojo estrangeiro, pendões ao vento pintados com triunfantes cenas de guerra, e seus inimigos derrotados desfilando em cadeias.[2]

---

1 "As vítimas eram crucificadas completamente nuas. A cruz tinha o propósito de ser um instrumento de vergonha e sofrimento. Então, os soldados lançaram sortes para ver quem teria a posse das vestes de Jesus ([Mt 27] v. 35)". D. A. Carson, *Escândalo: a cruz e a ressurreição de Jesus* (São José dos Campos, SP: Fiel, 2017), 21.
2 Richard C. Beacham, *Spectacle Entertainments of Early Imperial Rome* (New Haven,

Nesta seção, nós contemplamos o espetáculo invisível de Cristo como o divino homem de guerra — o espetáculo de poder que todos os demais espetáculos militares apenas ecoam numa pálida imitação. A proposição central: "Apliquemo-nos em desfrutar desse magnificente espetáculo e em tributar-lhe todos os nossos sentidos e toda a nossa atenção".[3] Que essa glória continuamente renove o encanto em nossa vida.

Seção 2: Paulo alerta contra o ascetismo em Colossenses 2.16-23. Há neste texto uma humildade mortal, uma humildade excessiva. Trata-se da ideia de que escapar do mundo e viver fora da presença da sociedade e da cultura secular assegura nossa saúde espiritual. Porém, retirar-se da sociedade não é nenhuma garantia de cura. O cristão pode florescer até mesmo enquanto vive *dentro* da cultura secular com todas as suas seduções e espetáculos. Sua força vem de onde ele fixa a sua atenção.

Seção 3: Paulo reajusta o foco da nossa atenção em Colossenses 3.1-4. Dois teatros concorrem pelo nosso olhar: o teatro do pecado na terra e o teatro da glória onde Cristo está. Esses auditórios divergentes representam duas perspectivas escatológicas. Em Colossenses 3.2, 5, e em Filipenses 3.19, Paulo fala sobre o *terreno* "como sendo o teatro peculiar do pecado".[4] O *terreno* é o presente teatro que domina o olhar coletivo, mas representa uma era que está sendo desfeita e terminada. O *celestial* é o teatro presente (e futuro) e representa a era da nova criação, a qual está irrompendo nos cristãos e na igreja, agora, e que será globalizada em definitivo com o retorno de Cristo.

CT: Yale University Press, 1999), 19-21.
3 Jean Daille, *An Exposition of the Epistle of Saint Paul to the Colossians*, ed. James Sherman, trans. F. S. (Philadelphia: Presbyterian Board of Publication, n.d.), 361.
4 Peter T. O'Brien, *Colossians, Philemon*, vol. 44, Word Biblical Commentary (Dallas: Word, 1998), 161.

Paulo explica esses dois teatros espacialmente — um *de cima* e outro *de baixo* —, mas, como vemos na primeira seção e veremos de novo logo mais, o argumento de Paulo é escatológico. Pelas lentes da eternidade, ele vê uma era passando e outra era, uma nova criação, alvorecendo em Cristo.

Ressuscitar para a nova vida é pôr a nossa mente nos céus. Nossa atenção continua a se voltar para os céus como o nosso espetáculo fundamental. Ao cultuarmos no domingo, nossa mente deveria se agarrar a Cristo. Ao trabalharmos na segunda, nossa mente redimida deveria retornar a Cristo. Durante a semana, de manhã ao acordarmos, ao almoçarmos, à noite, o dia todo — nossa mente deveria sempre reiniciar em Cristo. Porém, somente a determinação humana não é capaz de obter sucesso em tal tarefa.

Seção 4: Paulo nos instrui a matar o nosso interior terreno em Colossenses 3.5-11. O maior problema do cristão não é Hollywood ou Bollywood; são os desejos terrenos desenfreados que operam no interior do nosso ego caído. Os espetáculos terrenos da lascívia e da cobiça material alimentam os desejos terrenos dentro de nós. O espetáculo da cruz é um terremoto que reverbera por toda a nossa vida e quebra as correntes dos nossos vícios em espetáculos terrenos.

Em Cristo, nós agora almejamos matar e desarraigar todo desejo terreno pecaminoso que remanesça em nosso coração. O mundo quer alimentar esses desejos com seus próprios espetáculos. Assim, eu protejo minha atenção, não com ascetismo, mas com consciência, prudência, jejum e com renúncias seletivas baseadas nos meus próprios apetites e fraquezas. Uma percepção temperante das minhas suscetibilidades internas ao pecado deve guiar meu consumo de mídia e os limites que eu mesmo me imponho. Até que possa dizer: "eu sou fraco", serei excessivamente confiante na minha ingestão de espetáculos.

Nas palavras de John Piper, "a estratégia principal de Deus para nos mudar é remover o engano dos nossos desejos".[5] É isso o que vemos em Colossenses: Deus opera para livrar nossas afeições do engano e do poder aprisionador do teatro mundano.

Seção 5: Paulo nos ordena a abraçar nossas responsabilidades diárias em Colossenses 3.12-4.6. Agarrar nossos corações a Cristo não nos torna descuidados na vida. Não exige um tipo de vida intelectual que *só pode pensar* sobre Cristo. Também devemos pensar sobre nosso cônjuge, filhos, trabalho, vizinhança e igreja. Vemos esse equilíbrio no contexto de Colossenses, até mesmo no tocante a agradar nosso patrão diariamente, por ser ele o nosso senhor terreno (3.22). O mundo é um teatro de apetites, desejos, ídolos e pecados; e nós estamos caminhando por ele como uma alma que anda contente, os olhos fitos no alvo, mesmo em meio às imagens reluzentes da Time Square em Nova Iorque. Nossos inimigos não são nossas circunstâncias, nossas vizinhanças ou nossos patrões. Nosso foco no teatro da glória de Cristo aperfeiçoa nossos chamados terrenos, em vez de nos distrair deles.

A glória de Cristo é o espetáculo de todos os demais espetáculos; e o seu poder é visto mais claramente em como ele equipa, motiva e anima nossa obediência fiel em todas as outras áreas da vida. É desastroso dissociar a gloriosa cristologia no início de Colossenses e os posteriores

---

5 John Piper, e-mail pessoal, 6 nov. 2017, aludindo especificamente a Ef 4.21-24. Divulgado com permissão.

mandamentos de Paulo sobre a vida cristã no lar e no trabalho. O espetáculo de Cristo é concebido para nos atravessar e alcançar o outro na forma de amor sacrificial. Cada pensamento, afeição, desejo e hábito de nossa vida resplandece com a semelhança de Cristo à medida que nos voltamos para o espetáculo da glória de Cristo — a grande fonte de energia da santificação cristã.

◆◆◆◆◆◆◆◆◆◆◆◆

Na era digital, precisamos desse lembrete de Colossenses para reiniciarmos nossa mente em Cristo. Essa habilidade é tudo, menos natural. Primeiro, precisamos ser regenerados e receber novos olhos para ver o espetáculo da glória incomparável de Cristo, na qual podemos centrar nossa atenção com consciência e fidelidade. O Espírito Santo redireciona nosso olhar das coisas vãs deste mundo perecível (o teatro terreno) para o nosso vitorioso Salvador Jesus Cristo (o teatro celestial).

Paulo não limita nossa visão, ele a amplia e alarga até os limites de um drama de proporções cósmicas. Cristo não foi feito um espetáculo apenas na cruz; a cruz se tornou uma referência abreviada para tudo o que há de glorioso sobre Cristo — sua obra como criador e sustentador de todas as coisas, sua encarnação, sua vida, suas palavras, sua obediência, seus milagres, seu ostracismo, seu espancamento, sua crucificação, seu suportar a cruz, sua ressurreição da sepultura, sua ascensão aos céus, sua coroação real e seu sacerdócio eterno — toda a sua glória está incluída em seu espetáculo celestial.

Assim, embora nada em Cristo fosse inerentemente agradável ao mundo,[6] tudo em Cristo arrebata o coração do cristão. Sua glória é a peça central de nosso apetite diário por espetáculos. Em cada era de espetáculos — desde a Colossos dos tempos bíblicos, à Roma imperial, à Londres puritana, até o mundo digital de nossos dias —, a celebração renovada e a rearticulação da glória de Cristo precisam ser postas diante de nós, de novo e de novo, e alimentar nossa alma dia após dia. Cristo alimenta a nossa fé por palavras lidas e proclamadas. Pois o grande Espetáculo dos céus é agora um espetáculo divino para os nossos ouvidos, concorrendo pela nossa atenção num mundo que nos bombardeia com espetáculos terrenos para os olhos.

---

6 Is 53.1-3.

CAPÍTULO 20

ESPECTADORES DA GLÓRIA

A cosmovisão de Colossenses ajusta o foco de nossa mente e imaginação, não apenas para nos fazer valorizar a teologia, mas para nos ajudar a abraçar a teologia pelo que ela realmente é — a nossa janela para glórias divinas e para espetáculos cristológicos concebidos para encher nossa imaginação e arrebatar nosso coração. Paulo provou em Colossenses que nada em nossa vida social, doméstica, eclesiástica e profissional escapa a influência do espetáculo cósmico da glória de Cristo, brilhando como o sol em seu fulgor diário para fazer brotar novo fruto no solo do nosso coração.

A maneira como isso funciona é explicada em mais detalhes por Paulo em 2 Coríntios 3.1-4.6, um arrazoado particularmente complexo que mostra como nossos amores e anseios são radicalmente renovados.[1] Ali, Paulo argumenta

---

[1] Para uma melhor articulação do argumento que segue, ver Richard B. Hays, *Echoes of Scripture in the Letters of Paul* (New Haven, CT: Yale University Press, 1993), 122-53; e Alastair J. Roberts, "Transfigured Hermeneutics 8 — Moses's Veil," alastairadversaria.com, 20 jul. 2016.

que a mensagem de Cristo não é simplesmente uma escrita em tábuas de pedra ou distribuída em papel, o que delimitava as fronteiras da comunicação na antiga aliança. No drama anterior da história redentiva, a radiante glória de Deus (mediada na face transfigurada de Moisés) e o texto de Deus (as duas tábuas) estavam intencionalmente separados.[2] Coberto por um véu, Moisés compartilhava com o povo de Deus, não o brilho da glória divina do seu encontro com Deus, mas o seu resultado escrito, um texto divino — uma lei, um manuscrito — gravado em pedra. Nesse ínterim, a glória divina representada no ministério de Moisés "estava desaparecendo" (2Co 3.7, NAA).

Toda a glória amortecida de Moisés e da antiga aliança foi sobrepujada pelo esplendor de Cristo. Assim como a luz cintilante das estrelas galácticas ficam invisíveis ao nascer do sol, a glória da antiga aliança empalideceu em comparação com o esplendor do Filho. E, se Cristo ocasionalmente transfigurou a sua glória ante os olhos dos apóstolos, era apenas um antegozo da exibição eterna de sua glória plenamente manifesta.[3]

Mas a glória transfigurada de Cristo é agora sentida em cada coração cristão, diz Paulo. Em Cristo, um véu é removido da nossa visão espiritual, a fim de podermos contemplar o Espetáculo de Cristo. Ele está transfigurado de modo deslumbrante diante de nós, não em pessoa, mas *na voz da Escritura* — o texto divino e a glória divina agora unidos pelo Espírito, como Deus intencionou. Nós agora contemplamos lampejos de sua beleza por toda a Bíblia, em suas palavras, em suas ações e em todas as maneiras pelas quais ele desvenda e amplifica a antiga aliança. Descobrimos que em Cristo "todos

---

2 Êx 34.29-35.
3 Mt 17.1-13; Mc 9.2-13; Lc 9.28-36.

os tesouros da sabedoria e do conhecimento estão ocultos" (Cl 2.3). Nenhuma parte da Escritura pode ser verdadeiramente compreendida à parte da glória de Cristo. Ele é a chave interpretativa para o conjunto.

Jesus é glorioso em tudo o que ele é, diz e faz — mas os pecadores são cegos para isso. Apenas na conversão, quando nos voltamos para Cristo, o véu da glória é rasgado para que o esplendor e a beleza de Cristo se tornem palpáveis ao nosso coração. Mesmo hoje, leitores sob o véu enxergam meramente um velho livro religioso ou uma biografia de Jesus. Nos ensinos, nos milagres e na cruz de Cristo, os fariseus estavam cegos para a sua majestade divina. Eles contemplavam Cristo na carne, mas um véu estava posto entre eles e sua glória divina. Eles enxergavam apenas no antigo modo de não enxergar.[4]

Essa nova contemplação da glória exige visão sobrenatural, na medida em que o Espetáculo de Cristo é dado não aos cultos, nem aos instruídos, nem aos religiosos, mas àqueles que possuem olhos de fé. A mulher ou o homem que estão sem o véu enxergam pela fé, eles veem o espetáculo da glória de Cristo — e isso alegra o seu coração e os transforma de dentro para fora.

A cegueira para a glória de Cristo é a raiz do cativeiro espiritual; e o nosso despertar para a glória de Cristo é a base de nossa liberdade espiritual.[5] Aquela conversão inicial é como um relâmpago da glória de Cristo, abrindo nosso coração para o Salvador. Corações mortos são despertados para os espetáculos divinos e o Espetáculo da glória de Cristo começa a

---

4 Ver John Piper, *Uma glória peculiar: Como a Bíblia se revela completamente verdadeira*, 2º ed. (São José dos Campos, SP: Fiel, 2018).
5 2Co 3.16-18.

nos mudar de dentro para fora. "Porque Deus, que disse: Das trevas resplandecerá a luz, ele mesmo resplandeceu em nosso coração, para iluminação do conhecimento da glória de Deus, na face de Cristo" (2Co 4.6).

Cristo é o criador da primeira criação e o inaugurador da nova criação. O poder da face radiante de Cristo desencadeia a nova criação dentro do seu povo redimido. Converter-se é ser levado para dentro da nova criação; isso explica por que o espetáculo do primeiro momento em que a luz brilhou na criação recém ordenada é usado para introduzir, metaforicamente, o momento em que a espetacular luz de Cristo se revela à alma recém-nascida.

Participar da nova criação é ver Cristo pela primeira vez. E a glória dele nos transforma. "E todos nós, com o rosto desvendado, contemplando, como por espelho, a glória do Senhor, somos transformados, de glória em glória, na sua própria imagem" (2Co 3.18).

Em termos práticos, a inauguração da nova criação em Cristo divide a humanidade em dois blocos e essas duas coalizões não são estáticas, mas cinéticas e dinâmicas. No Espetáculo de Cristo, nós estamos sendo arrastados para o teatro celestial, de um degrau de glória para o seguinte.[6] Porém, no espetáculo do teatro mundano, os pecadores são inadvertidamente apanhados pela força de uma correnteza midiática que agita e aprisiona almas cegas dentro do passageiro teatro deste mundo.[7]

Para ver o espetáculo de Cristo, é preciso fé. Você precisa receber olhos para "ver" a glória. Você não pode vê-la apenas lendo a Bíblia ou livros que contenham as mais claras

---

6 2Co 3.18.
7 1Co 7.31.

apresentações do evangelho. Não, o Espírito precisa operar dentro de você. Ele deve lhe dar os olhos da fé, a fim de você poder "ver" o mais grandioso Espetáculo do universo e, então, responder valorizando-o acima de qualquer outro relacionamento neste mundo.[8] A fé concede visão, o poder de ver *como Deus vê*; e isso é muito diferente de como o mundo vê, que é uma forma de cegueira.

Ler a Bíblia por trás do véu é escuridão e, sem a glória, os hábitos e as resoluções da nossa nova vida não podem santificar nossos amores e anseios mais profundos. O Espetáculo de Cristo é a nossa imagem, nosso ícone (εἰκων), ainda não para os olhos em nossa cabeça, mas para os olhos da fé em nosso coração.

Paulo explicitamente enraíza toda a nossa santificação progressiva nesse modelo do espetáculo. Porém nós, muitas vezes, vivemos à procura de truques e macetes e nos esquecemos desse paradigma centrado no Espírito e que alimenta a nossa imaginação na completa renovação de nossos amores e anseios, até mesmo nas rotinas e hábitos de nossas vidas. Nós, humanos, não apenas *temos hábitos* — nós *somos hábitos*, disse Jonathan Edwards.[9] Portanto, a verdade é que a maior parte de nossa vida não é primeiro deliberada no nível consciente e depois atuada. Antes, a única esperança para a santificação dos nossos hábitos e amores é o Espírito. Ele precisa despertar o seu poder transformador bem dentro de nós e abrir nossos olhos para contemplarmos o esplendor de Cristo. Assim, em seu sermão em 2 Coríntios 3.18, Edwards pôde dizer isto: "A

---

8 Mt 10.37.
9 "Em outras palavras, seres criados não possuem hábitos, mas são hábitos e leis. Edwards escreveu que "a essência [de uma alma] consiste em poderes e hábitos". Resumo de Sang Hyun Lee's in Kenneth P. Minkema, Harry S. Stout, Adriaan C. Neele, eds., *The Jonathan Edwards Encyclopedia* (Grand Rapids, MI: Eerdmans, 2017), 271.

glória de Cristo possui uma natureza transformadora. Ela é de uma natureza poderosa: transforma tudo que a contempla à sua própria imagem; alcança as profundezas do coração, o mais íntimo da alma; é uma visão que purifica e embeleza".[10] Somente o grandioso Espetáculo de Jesus Cristo pode alcançar as profundezas de nossos amores e anseios com poder para nos moldar em algo belo e pleno.

O texto de 2 Coríntios 3.1-4.6 oferece uma profunda perspectiva de como somos santificados pela transfiguração, algo possível apenas àqueles que têm o rosto descoberto, àqueles que contemplam a beleza de Cristo na Escritura enquanto o grande Espetáculo do universo.

---

10 Jonathan Edwards, "A Sight of the Glory of Christ," in *Jonathan Edwards Sermons*, ed. Wilson H. Kimnach (New Haven, CT: Yale University, 1728), 2Co 3.18.

CAPÍTULO 21

A IGREJA COMO ESPETÁCULO

À medida que segue a Cristo, a igreja tem o véu retirado, é transformada e, progressivamente, fica mais bela. E ela se torna um espetáculo para o mundo.

Os cristãos nas primeiras igrejas no Império Romano eram tratados como escória. A sociedade os odiava pelo simples fato de os cristãos resistirem à gigantesca indústria da idolatria pagã. A idolatria era a força motriz da indústria de espetáculos como um todo, espetáculos que se tornaram "as próprias coisas que os romanos viam como essenciais para a integração na sociedade".[1] Resistir aos ídolos da Roma antiga era uma repreensão aberta a toda a cultura.[2]

Isso explica o ódio projetado contra os cristãos por Nero, "o mais extravagantemente teatral de todos os imperadores romanos",[3] o qual explorava seus célebres espetáculos para

---

1 Donald G. Kyle, *Spectacles of Death in Ancient Rome* (Abingdon-on-Thames, UK: Routledge, 1998), 245.
2 Donald G. Kyle, *Sport and Spectacle in the Ancient World* (Hoboken, NJ: John Wiley, 2015), 332.
3 Richard C. Beacham, *Spectacle Entertainments of Early Imperial Rome* (New Haven,

aumentar seu capital político. Os cristãos nunca esquecerão um exemplo tirânico ocorrido após um incêndio de oito dias que assolou Roma no verão de 64. O imperador estava tão instável mentalmente que os rumores em Roma sugeriam que o próprio Nero havia provocado o fogo. Para repudiar a acusação, Nero jogou a culpa nos cristãos, fazendo deles seu bode expiatório, e irrompeu sua vingança contra eles por todo o império. Sua retribuição foi espetacular. Sob a lei romana, criminosos contra o estado recebiam uma punição relacionada ao crime e os condenados eram escalados para um papel teatral diante de um público boquiaberto. Por exemplo, um falso rei recebia uma coroa de espinhos e era crucificado nu, zombado e desprezado por seus falsos súditos.[4] Nesse caso, Nero sentenciou os "incendiários" cristãos a serem sacrificados aos deuses por meio do fogo (*crematio*) e queimados num espetáculo particular (um *spectaculum*, como era chamado) para iluminar o jardim de Nero à noite.[5]

Ainda hoje, os cristãos são feitos de espetáculo de três maneiras.

Primeiro, a igreja é um espetáculo de escárnio para este mundo. Remontando a Nero, os famosos peregrinos de John Bunyan foram espancados, cobertos de lama, lançados numa jaula na Feira das Vaidades e "feitos os objetos do esporte, ou da maldade, ou da vingança de qualquer homem".[6] Eles foram feitos um espetáculo de escória para entreter a cidade: rejeitados, maltratados e difamados. Nosso foco no outro

---

CT: Yale University Press, 1999), 200.
4 Mt 26.66-68; 27.26-44; Mc 15.15-32; Lc 22.63-65; 23.6-11; Jo 19.1-5.
5 Beacham, *Spectacle Entertainments of Early Imperial Rome*, 222-23.
6 John Bunyan, *The Works of John Bunyan* (Edinburgh: Banner of Truth, 1854), 3:128.

mundo confunde este mundo. Nosso foco no Espetáculo de Cristo é uma repreensão aos homens mundanos. Como resultado, "algumas vezes" os cristãos "foram expostos a insultos e tribulações" (Hb 10.33, NVI). Expostos ao escárnio dos observadores, somos feitos um "espetáculo" pelos Neros do mundo. Pregar Cristo é provocar oposição espiritual e humana neste mundo, algo como soltar as feras do Coliseu para atacá-lo (1Co 15.32). Ou, no testemunho do apóstolo Paulo: "Porque a mim me parece que Deus nos pôs a nós, os apóstolos, como o último ato da apresentação, como homens condenados à morte na arena, um espetáculo para o universo inteiro — tanto a anjos, como a homens" (1Co 4.9).⁷ Os apóstolos eram como o espetáculo apoteótico na arena, o sacrifício supremo para satisfazer a sede de sangue do mundo. Em suas fraquezas, dores e sofrimentos, eles se tornaram para este mundo apenas mais uma forma de teatro público (θέατρον).

Na realidade, os mártires abraçaram sua morte com menos drama. Os historiadores creem que os primeiros mártires cristãos a serem abatidos perante as multidões no Coliseu saudavam a morte de tal maneira que seus assassínios eram até mesmo monótonos em comparação com os deploráveis que imploravam por misericórdia — e não recebiam nenhuma —, ou, mais espetacularmente, os que lutavam com vigor e zelo para defender sua vida, em vão.⁸ A compostura cristã diante

---

7 *Revised English Bible* (Oxford, UK: Cambridge University Press, 1996).
8 "A anuência dos mártires à sua própria morte e o seu desprezo pela autoridade enfurecia os espectadores. Após terem algum valor enquanto novidades e mesmo com fantasias e formas espetaculares de execução, os cristãos proporcionavam um show muito sem graça. Eles não eram artistas hábeis como os gladiadores e, por isso, não recebiam nenhuma esperança ou privilégios. Seu uso é melhor explicado pelo ódio ou por uma ansiedade religiosa dos romanos, como execuções punitivas ou sacrifícios propiciatórios, não pelo seu valor de entretenimento". Kyle, *Spectacles of Death in Ancient Rome*,

da morte significava que os mártires publicamente rejeitavam tanto o papel de *vencedor* quanto o de *inimigo derrotado* — destemidos em face da morte, eles ficaram de pé perante a plebe e subverteram toda a indústria do espetáculo em Roma.⁹ Ainda assim, os cristãos foram mortos para satisfazer espectadores com sede de sangue. Os historiadores creem que Nero decapitou o apóstolo Paulo em Roma, durante seu furor contra o cristianismo após o incêndio, sem dúvida exibindo a morte de Paulo como seu espetáculo sangrento particular.

Segundo, a igreja é um espetáculo divino da vitória de Deus sobre o mal. Comparada aos multimilionários espetáculos de computação gráfica de Hollywood, os espetáculos interiores da igreja parecem monótonos. Eles, porém, são belos e profundos. A cada semana, a igreja local reencena os mesmos atos — a pregação da Bíblia, a Mesa do Senhor, o batismo com água —, todos eles espetáculos pequenos, repetidos e baseados na fé (diferentes dos espetáculos do mundo, que são baseados na visão, inéditos e passageiros). Essas ordenanças da igreja têm a glória da influência cósmica. Em Colossenses e Efésios, Paulo cuidadosamente mostra como o amor e a unidade da igreja local, guiados pelo evangelho, são um espetáculo da vitória de Cristo sobre os principados e potestades que buscam destruir a ordem criada por Deus. A igreja é o perpétuo movimento de resistência. E, de geração em geração, ela exibe um espetáculo da vitória de Deus sobre seus inimigos cósmicos, repetidamente golpeando tais inimigos com um *déjà vu* da derrota deles na cruz.

---

248. Ver também Kyle, *Sport and Spectacle in the Ancient World*, 334.
9 Peter J. Leithart, "Witness unto Death", firstthings.com, jan. 2013.

Terceiro, a igreja é um espetáculo divino para o céu. Muitas vezes, Paulo usava a metáfora do atleta para descrever a diligência cristã e o ministério evangélico.[10] De fato, a igreja é uma associação atlética espiritual, competindo aos olhos dos anjos e dos santos fiéis (Hb 12.1-2). Todos os santos do passado, que percorreram este mundo com sua fé intacta, estão na arquibancada torcendo por nós até chegarmos ao lar. Apesar do implacável bombardeio de espetáculos que buscam dominar nossa atenção e definir nossa identidade, nós nos reunimos no Dia do Senhor, um elenco diversificado e ajuntado pela graça divina, atores do verdadeiro drama de todos os séculos.

Apesar dos eloquentes e teatrais trailers das máquinas fabricantes de espetáculos deste mundo, a igreja é a verdadeira dramaturgia dos séculos. Deus roteirizou a fraqueza do seu povo, de propósito, para enaltecer o poder do seu evangelho. E, nessa fraqueza, o mundo pensa ver algo bem diferente do que está sendo realmente encenado. Quando a cortina final fechar a história humana, o mundo terá perdido completamente de vista o enredo. O mundo vê a igreja difamada como algo de curiosidade vã, mas, na verdade, a igreja é um espetáculo especial — um grande elenco, atuando coletivamente no papel principal da noiva, no drama humano para o qual toda a criação foi concebida para servir-lhe de palco.

---

10 1Co 9.24-27; Cl 1.28-29.

CAPÍTULO 22

A IGREJA COMO FABRICANTE DE ESPETÁCULOS?

Num mundo que ama espetáculos visuais, quantos espetáculos atraentes aos olhos nós deveríamos incluir em nossos ajuntamentos de domingo, para tornar a igreja mais confortável e atrativa ao mundo? Quantos jogos de luz e fumaça, quantos amplificadores, quão elaborados os panos de fundo, as plataformas e os púlpitos, a arte e os projetores de vídeo? Nessa questão, concordo amplamente com Mike Cosper ao dizer que "correr atrás de espetáculos religiosos só faz sentido num mundo desencantado. Se nos preparamos para viver num mundo em que Deus não aparece, então temos de dar nosso próprio jeito de fazer algo acontecer".[1]

A indústria do espetáculo de hoje, como um todo, é guiada pelo pressuposto ateu de que Deus não existe. Se fomos deixados com uma fome de deslumbramento do tamanho de Deus,

---

1 Mike Cosper, *Recapturing the Wonder: Transcendent Faith in a Disenchanted World* (Downers Grove, IL: InterVarsity Press, 2017), 64.

mas Deus não existe, então temos de nos voltar para os magos da computação gráfica, que têm a maior capacidade de alimentar a vastidão de nossos apetites por espetáculos. Os espetáculos das manhãs de domingo poderiam cair nesse desencantamento secular — uma perda de confiança na operação do Espírito em nosso meio.

Em nossa cultura, soa natural pensar na igreja como espectadores que se ajuntam semanalmente para assistir a habilidosos atores, músicos, oradores e projetores de vídeo; nessa cultura, o velho contraste de John Donne merece atenção, ao nos advertir para não encararmos o culto semanal como "um entretenimento, um show, um espetáculo". Em vez disso, aproximamo-nos do culto com sinceridade, com a alma devidamente preparada e a mente pronta para um engajamento ativo em espírito e em verdade — não com o escapismo onírico e passivo de um espectador.[2] Nossos espetáculos são concebidos para encantar a imaginação, não para entreter os olhos.[3] Então, de novo, quais espetáculos são admissíveis?

Talvez a melhor abordagem seja simplesmente admitir que o uso de habilidosos espetáculos, numa igreja, é válido apenas na medida em que ela compreende e celebra o conteúdo do Espetáculo invisível de Cristo crucificado, sepultado, ressurreto e assunto aos céus. Se o esplendor de Cristo não está no centro, então os espetáculos de atração, apesar de bem-intencionados, reduzem a igreja a mais um show de segunda categoria para atrair o olhar desinteressado dos caçadores de entretenimento.

---

2 John Donne, *Works of John Donne* (London: Parker, 1839), 5:275.
3 Neil Postman, *Amusing Ourselves to Death: Public Discourse in the Age of Show Business* (New York: Penguin, 2005), 121–22.

Na celebração de Cristo, acredito que resta um espaço para a produção de espetáculos na fé — concertos de música cristã, marchas pró-vida, filmes e vídeos online centrados no evangelho, grandes conferências, assim como a habilidosa pregação de nossos mais célebres pastores diante de milhares de ouvintes reunidos.

Contudo, deveríamos sempre nos lembrar de que Jesus se recusou a ser apenas mais um fabricante de espetáculos.[4] Rodeado por céticos caçadores de milagres, Jesus disse: "Se, porventura, não virdes sinais e prodígios, de modo nenhum crereis".[5] Havia uma autocontenção intencional em Jesus, na sua recusa em aplacar os apetites dos caçadores de espetáculos que apenas procuravam mais uma rodada de entretenimento grátis. Fabricar espetáculos não é algo peculiar ao evangelho nem lhe confere qualquer vantagem, pois Satanás, sendo ele mesmo um excepcional fabricante de espetáculos, pode seduzir e empolgar o mundo com deslumbrantes shows visuais.[6]

---

4 Mt 12.38-40; 16.1-4; Lc 23.8-9.
5 Jo 4.48; 1Co 1.22-25.
6 Mt 24.24; 2Ts 2.9; Ap 13.14.

CAPÍTULO 23

UM DIA POR DENTRO DO ESPETÁCULO

Se este livro soa como reflexões desconectadas da vida moderna, feitas do alto de uma torre de marfim, eu fracassei. No fim de semana em que comecei a escrevê-lo, eu me sentei na arquibancada de um estádio imenso, pensando sobre a igreja como um espetáculo em exibição, ao mesmo tempo em que assistia ao primeiro dia dos X Games de verão, a competição de estreia entre os melhores ciclistas de bicicross, skatistas e pilotos de motocross envenenados em suas motos empoeiradas.[1] Sediado pela primeira vez na minha cidade, em nosso estádio novinho em folha, o evento correspondeu a todas as expectativas, um espetáculo digno de transmissão na TV ao vivo.

Dentro do enorme estádio, o gramado sintético de futebol americano foi removido e substituído por rampas de terra cuidadosamente esculpidas para a transmissão ao vivo da ESPN. A transmissão era vista também dentro do estádio, em dois telões gigantes de alta definição, posicionados de ambos

---

1 X Games Minneapolis, 13-16 jul. 2017.

os lados da arena — mil e quatrocentos metros quadrados de uma luminosa tela de LED. Tudo ali dentro era coreografado para aparecer na TV ao vivo e naqueles telões. Toda a ação era narrada em tempo real por comentaristas no estúdio e por outro grupo de apresentadores que falavam ao público presente, animando-o e provocando gritos e aplausos sempre que a transmissão recomeçava após os comerciais.

É claro, houve saltos gigantes e batidas violentas — homens e mulheres caindo do céu sobre pistas de terra e de concreto, arrebentando o cóccix e quebrando a clavícula, enquanto o público ofegava e os médicos corriam com macas para socorrer o competidor que se contorcia no chão. Após as lesões, as câmeras da TV se viravam e a ESPN cortava para um comercial, até que o atleta fosse removido da arena. Tais lesões não eram apresentadas na TV, mas elas fascinavam o olhar silencioso do público. A visão de mães e namoradas saindo do meio da multidão correndo pela terra até seus lesionados queridos não foi televisionada, mas é difícil de esquecer.

Entre as lesões, feitos memoráveis de destreza física desafiavam os limites de velocidade e altura, com manobras aéreas de tirar o fôlego e que só podiam ser adequadamente apreciadas magnificando os atletas e dando-lhes proporções quase divinas nos telões. As acrobacias eram todas chamadas pelo nome — 180 graus, 360 graus, mortal para trás sem os pés, rotação no eixo, super-homem, agarramento de roda —, tudo diante de uma audiência empolgada e sedenta por mais um gole de glória. Os altíssimos saltos livres de bicicleta faziam todos ficarem de pé. Quando os competidores finalizavam, imediatamente viravam para os telões para assistirem ao replay, um espetáculo em tempo real transformado num espetáculo em câmera lenta, para o deleite de todos, especialmente para o olhar levantado do atleta.

De vez em quando, pequenas biografias em segundo plano introduziam um atleta, com entrevistas anteriormente gravadas na casa do próprio competidor, as quais eram transmitidas ao público e ao competidor na plataforma. Assistindo à si mesmo, o atleta aproveitava a deixa ao final do vídeo para se dirigir à beirada da plataforma e se apresentar mais uma vez para todos nós. O frenesi com o somatório de pontos ia aumentando da primeira à segunda e à terceira rodadas. As tentativas finais inspiravam os atletas machucados e cansados a deixarem de lado todo senso de autopreservação e executarem suas manobras mais arriscadas em busca da medalha ouro — e o primeiro lugar ia sendo substituído um pelo outro, até que o último competidor agarra o ouro na sua rodada final. De todos os competidores, é esse campeão do último minuto que agita a multidão; as luzes do estádio piscam, cintilam, tremulam e então retornam ao seu pleno brilho, enquanto os comentaristas gritam, berram e procuram palavras para explicar o momento, agora já recompostos para aparecerem no telão.

Em meio à glória, os patrocinadores estão em busca dos olhares. A cada intervalo, comerciais são repetidos à exaustão nos telões. Logomarcas estão impressas em todas as superfícies planas (ou quase planas). Cuecas da Hanes que ajudam a não suar. Empregos empolgantes na Marinha. Carros robustos da Toyota. Atletas vestidos dos pés à cabeça com as marcas de seus patrocinadores, muitas delas reduzidas a símbolos monocromáticos decifráveis apenas pelos iniciados.

As câmeras se movem para todo lado: uma câmera de zoom telescópico bem no meio do estádio, segurada por finos cabos; câmeras giratórias em longos braços articulados; câmeras instaladas nos capacetes, cada atleta acompanhado de sua própria equipe de filmagem; fotógrafos de cena oficiais no alto de pistas de terra, em busca do ângulo perfeito. O evento como um todo era um espetáculo para centenas de olhos eletrizados, uma dança coreografada da indústria moderna do espetáculo: momentos premeditados, pré-gravados, roteirizados, inesperados, terríveis, gloriosos, em câmera lenta, em *loop*, os melhores momentos selecionados e editados num conjunto de cinco minutos e, finalmente, reexibidos para fechar o dia num breve resumo da dança especular da qual juntos desfrutamos.

CAPÍTULO 24

NOSSAS PECULIARES TENSÕES DO ESPETÁCULO

Cipriano, Pai da Igreja primitiva, disse que a mãe de todos os espetáculos públicos de Roma era a idolatria pagã. Sem esses ídolos, o complexo do espetáculo romano jamais teria conquistado tamanha prioridade e centralidade na cultura. Os esportes antigos e nossos jogos modernos trazem consigo tentações semelhantes — de onde os espectadores ainda são arrastados, "não para obras de virtude, mas para rivalizarem na violência e na discórdia".[1] Porém, nossos esportes estão conectados a falsos deuses de modo menos explícito. Sim, nossa era idolatra o sexo, a riqueza, o poder e os esportes — e esses ídolos alimentam a indústria do espetáculo. Mas nós não nos deparamos imediatamente com a questão de se é religiosamente aceitável apreciar um jogo entre times que representam dois deuses rivais,

---

1 Tatian, "Address of Tatian to the Greeks," in *Fathers of the Second Century: Hermas, Tatian, Athenagoras, Theophilus, and Clement of Alexandria (Entire)*, ed. Alexander Roberts, James Donaldson, and A. Cleveland Coxe, trans. J. E. Ryland, vol. 2, The Ante-Nicene Fathers (Buffalo, NY: Christian Literature Co., 1885), 75.

em cujo intervalo se faz o sacrifício cruento de um homem. Nós assistimos a jogos de futebol entre times como o Corinthians, o São Paulo, o Flamengo — disputas entre ícones inofensivos. Nossas questões quanto aos espetáculos são inerentemente distintas daquelas enfrentadas por Agostinho, Cipriano e Tertuliano. Nossas questões são mais sutis e mais individualmente ajustadas às nossas fraquezas particulares.

Eu apreciei os X Games, não porque estava praticamente ausente, mas porque estava plenamente presente ao momento para experimentar o espetáculo com meu filho. Mas eu estava lá para experimentá-lo de tal maneira que eu não esperava demais dele. Em parte, a razão disso é que eu não tenho nenhuma aspiração à glória alcançada por esses atletas; eu não aspiro executar um mortal para trás numa bicicleta (o que certamente terminaria num espetáculo para os outros e, provavelmente, seria o fim da minha própria vida). Não fui atraído àquele espetáculo porque poderia encontrar a minha glória nele. Eu o experimentei pelo que ele foi: um dia empolgante de jogos. Porém, eu também pude ver através dele. Eu fui até o holograma do espetáculo desta cultura; minha mão o atravessou. Acima de tudo, eu pude ver uma glória muito mais excelente, da qual a glória desses atletas pode ser apenas um reflexo desbotado.

Por acaso eu me arrependo de passar um dia nos X Games? Nem por um minuto. Foi um dia inesquecível com meu filho. E, sentado no estádio, ficou muito claro para mim que ser humano é estar carregado com um desejo intenso de contemplar a glória em espetáculos. Como Agostinho viu no Salmo 77.12, nosso desejo insaciável por espetáculos — de arte, pintura, teatro, atletismo, caça e pesca — envolve nossas afeições interiores e expõe o escopo do imenso apetite de nosso coração pela glória. Esse mesmo apetite conduz o crente a ver a glória de Deus na criação.[2] Nosso apetite por espetáculos mundanos nos dá um senso da amplitude que há em nosso coração para ser preenchida pelos espetáculos divinos. O que nós fazemos com essa cobiça contemplativa dos olhos é outro assunto, mas ser fundamentalmente indiferente a toda a glória visual deste mundo não é ser subumano, é ser inumano.

O alerta de Paulo aos colossenses deveria nos precaver contra o aproximar-se da vida como eremitas digitais. "Não assista TV!", "Não veja Netflix!", "Não navegue na internet!". Espetáculos sempre nos rodearão e — se observarmos com cuidado — muitos deles refletem a graça comum de Deus e a sua glória criativa. O talento artístico dos atletas, como os dos X Games, não é algo para se desprezar levianamente. "Grandes atletas são profundidade em movimento" e eles "tornam possível que abstrações como *poder, graça* e *domínio* sejam não apenas encarnadas, mas televisionadas".[3] Nós deveríamos assistir com deslumbramento, mas jamais deveríamos assistir com ingenuidade. O Criador esculpiu, em cada alma humana, um amplo salão interior para a arrebatadora glória de Cristo, mas, como acumuladores, nós enchemos esse depósito de quinquilharias sem valor. Todo espetáculo da glória humana atrai caçadores de glória que rejeitam Deus, que encontram

---

2 Agostinho de Hipona, "Expositions on the Book of Psalms," in *Saint Augustin: Expositions on the Book of Psalms*, ed. Philip Schaff, trans. A. Cleveland Coxe, vol. 8, *A Select Library of the Nicene and Post-Nicene Fathers of the Christian Church*, First Series (New York: Christian Literature Company, 1888), 364. Comentário no Salmo 77.12 [pode ser encontrado em *Comentário aos Salmos: Salmos 101-150* (São Paulo: Paulus, 1998)]
3 David Foster Wallace, *Consider the Lobster and Other Essays* (New York: Back Bay Books, 2007), 143.

no entretenimento um espetáculo que direciona a identidade e a ambição do seu ego. A indústria mundana do espetáculo é poderosa com seduções que podem hipnotizar os olhos e conduzir o coração a uma busca tóxica por fama e riqueza, uma busca que destrói a alma.

CAPÍTULO 25

UMA RESOLUÇÃO, UMA PETIÇÃO

Então, a quais eventos esportivos deveríamos assistir? Quais deveríamos evitar? Quais os filmes a assistir e a evitar? Que programas deveriam nos fazer ligar ou desligar a TV? "Maratonar" traz que consequências à nossa alma? Que celebridades deveríamos seguir nas mídias sociais, se é que devemos seguir alguma? E quanto tempo por dia deveríamos gastar caçando links virais?

Quando Deus "pôs a eternidade no coração do homem", ele fez do coração algo espaçoso, faminto e incansável (Ec 3.11). Anseios pecaminosos despertam a lascívia em todas as nossas faculdades, inclusive nossa visão — pois "os olhos não se fartam de ver" (Ec 1.8). Assim como o inferno e a sepultura engolem e nunca se fartam, "os olhos do homem nunca se satisfazem" (Pv 27.20). Os olhos lascivos da humanidade comem, comem, comem, e nunca ficam cheios. Os olhos mundanos passeiam, incitados por um anseio eterno, em busca de algum novo espetáculo para trazer paz, descanso e alegria.

Mas a saciedade nunca vem, vai minguando mais e mais.[1] A raiz do perigo não é o brilho do mundo, mas o pecado dentro de nós. Olhos desenfreados percorrem incansáveis pela terra, famintos por alguma nova empolgação. E, até que o inferno e a sepultura sejam engolidos, os olhos do homem continuarão olhando para os espetáculos do mundo em busca de algo que eles jamais encontrarão. Bilhões de olhos permanecerão cativos aos magos do espetáculo e suas últimas novidades.

Para complicar ainda mais, há a minha própria consciência. Eu sei que meu coração caído permanece uma presa fácil à vaidade. Quando essas questões da era midiática me cercam e fico inquieto ao pensar em meu próprio coração, volto-me para a Palavra para uma resolução e uma oração.

Primeiro, o salmista proclama sua resolução pessoal no Salmo 101.3: "Não porei coisa vã diante dos meus olhos" (tradução livre). A palavra aqui — *vão* — é literalmente uma locução: *sem proveito*. É "a característica de ser inútil, de não servir para nada".[2] Para o salmista, algo "sem proveito" não é apenas neutro — é algo mal aos olhos de Deus. Por quê? Somos herdeiros de uma fortuna eterna e gloriosa, então, nossa cobiça por qualquer coisa vã é uma ofensa direta contra Deus. Por isso, o salmista faz esta resolução: "não porei diante dos meus olhos nada que não tenha proveito para a minha alma".

Segundo, o salmista suplica a Deus no Salmo 119.37: "Desvia os meus olhos, para que não vejam a vaidade, e vivifica-me no teu caminho". De novo, a vaidade inclui "tudo o que é

---

1 1Jo 2.15-17.
2 Francis Brown, Samuel Rolles Driver, and Charles Augustus Briggs, *Enhanced Brown-Driver-Briggs Hebrew and English Lexicon* (Oxford, UK: Clarendon Press, 1977), 116.

insignificante, irreal, vão, seja materialmente ou moralmente".[3] A advertência aqui é contra confiar nas promessas inerentes de algo que, no final, se mostra vazio.

A *vaidade* cobre uma amplitude imensa de pecados muito graves, começando com rebeldia, idolatria, malignidade, pornografia, falsidade, mentira e engano. Mas essa categoria tem extensão ainda mais ampla. Uma coisa vã é algo falso — não como uma mentira descarada, mas como uma promessa inflacionada, que no fim não vai atingir as expectativas que criou em mim.[4] "Coisas vãs" se enquadra no enorme e abrangente vocabulário do Antigo Testamento para o mal moral. Mas será que "coisas vãs" se enquadram no *nosso* vocabulário para o mal moral?

A resolução de virar as costas para coisas *vãs* é um modo penetrante de perguntar: o que realmente dá valor, sentido e propósito à nossa vida? A ética bíblica não consiste simplesmente em evitar coisas que corrompem, mas em aprender a ver, apreciar e abraçar as coisas eternas que realmente trazem sentido, propósito e alegria à nossa vida. Minha consciência precisa estar em sintonia com a Escritura para que eu resolva firmemente não entregar os meus olhos à vaidade. Mas eu também preciso resolver investigar quais são as coisas vãs que irão me seduzir naqueles momentos nos quais eu precisarei que Deus aja em meu favor.

Houve um tempo em que plugava um dispositivo na TV para bloquear a exibição de programas obscenos. Talvez, hoje,

---

3 Victor P. Hamilton in R. Laird Harris, Gleason L. Archer Jr., and Bruce K. Waltke, *Theological Wordbook of the Old Testament* (Chicago: Moody Press, 1999), 908.
4 Jerry Shepherd in Willem VanGemeren, ed., *New International Dictionary of Old Testament Theology and Exegesis* (Grand Rapids, MI: Zondervan, 1997), 53.

precisemos de um dispositivo para bloquear da TV coisas vãs. Porém, tal tecnologia não existe. Pode ser que nunca venha a existir. Precisamos de Deus para virar nosso rosto. Como um pai que gentilmente segura seu filho, após uma vertigem, até ele recobrar o equilíbrio, Deus precisa desviar o nosso olhar daquilo que é vazio para outra direção. E nós temos um Pai assim, a quem podemos rogar que encha nosso coração com aquilo que tem valor eterno.[5] Somente nos prazeres do nosso Pai celeste nós temos esperança, como seus filhos, de virarmos nossos olhos e coração para longe do que é vão e redirecionarmos nossa atenção para o que é eterno. Tal é a resolução e o apelo urgente do salmista: Deus, agarra minha cabeça, vira os meus olhos daquilo que é vazio e me dá vida em teus caminhos, à medida que eu contemplo o valor inestimável da tua glória.

---

5 Sl 119.33-40.

CAPÍTULO 26

O ESPECTADOR DIANTE DA SUA ESCULTURA

A coisa mais vã na história do Antigo Testamento, por isso mesmo a mais proibida, era o ídolo — uma escultura, feita à mão, geralmente na forma de animais, banhada a prata ou ouro. Ídolos possuem bocas esculpidas, mas são mudos; olhos engastados, mas são cegos; e ouvidos talhados, mas são surdos.

Ao mesmo tempo, os ídolos são mudos *e* falam mentiras.[1] São imóveis *e* carregados de poder demoníaco.[2] Como ambas as afirmações podem ser verdadeiras? Porque "aquele que o faz confia em sua própria criação, fazendo ídolos incapazes de falar" (Hc 2.18, NVI). Assim, os profetas podem dizer: "Ai daquele que diz à madeira: "Desperte! Ou à pedra sem vida: Acorde!" (Hc 2.19). O princípio em operação não é a coisa em si, mas o intento do criador para o seu ídolo mudo. Ídolos são perigosos quando um adorador, tendo perdido a paciência em Deus,

---

1 1Co 12.2 com Hc 2.18.
2 Sl 115.4-8; 135.15-18; Is 46.5-7 com 1Co 10.19-22 e Ap 9.20-21.

transfere sua esperança e alegria para uma divindade representada por algo feito à mão e, então, clama a ele: "Desperta e acorda!". Nesse movimento, a antecipação e a expectativa humanas dão vida ao ídolo, fazendo dele um mentiroso enganador. Objetos talhados se tornam substitutos de um deus aparentemente distante, sempre que implicitamente esperamos que nossos espetáculos despertem e acordem para nos conceder a alegria e segurança que só se pode encontrar no Deus vivo de todo o universo. Porém, o Deus vivo proíbe seus filhos de buscarem esperança em coisas mortas; ele espera ser buscado e achado com todo o foco, atenção e afeição de nosso coração.[3]

Imagens sempre foram feitas substitutas de Deus — e nenhuma época fabrica mais imagens que a nossa. Nossa tecnologia de computação gráfica dá de dez a zero na idolatria dos fazedores de imagens do Antigo Testamento. Mesmo os velhos ícones dos santos eram menos do que realistas. Nossas imagens digitais são mais do que realistas. "O mundo digital está trazendo à tona uma *reviravolta icônica*, a qual faz as imagens parecerem mais vivas, mais belas e melhores do que a própria realidade.[4] Nossos ícones sociais são os grandes filmes de ação, a imersiva realidade virtual, os viciantes videogames e os irresistíveis *bits* das mídias sociais. Nossa cultura fabrica um panteão de deuses falsos para preencher o "desaparecimento" de Deus.

Essa tensão do espetáculo era evidente no Antigo Testamento. O segundo mandamento proíbe todas as representações de Deus feitas à mão; *em seguida*, proíbe o culto

---

3 Dt 4.24, 29; Js 24.19, 23.
4 Byung-Chul Han, *In the Swarm: Digital Prospects*, trans. Erik Butler (Cambridge, MA: MIT Press, 2017), 27 [edição em português: *No enxame: Perspectivas do digital* (Petrópolis, RJ: Vozes, 2018)

dessas representações (Êx 20.4-6). Isso se deve ao fato de que imagens, uma vez moldadas numa forma expressiva, convocam a uma reação. Os ídolos mediam uma promessa, esperança ou oferta de alegria que é "como Deus". As imagens atraem o coração ao oferecerem completar-nos. Os ídolos movem o coração pecaminoso do homem do esculpir para o adorar. É assim que a idolatria opera. Os ídolos sempre pedem algo de nós. E Deus é um Deus zeloso. A segurança, a esperança, o sentido e a alegria que nós buscamos em imagens podem ser encontrados apenas nele; por isso, Deus proíbe o fazer imagens, uma vez que "as imagens inevitavelmente irão assumir uma 'vida própria', a despeito de quão inocentes sejam os propósitos de seus criadores".[5] É por isso que o fazer imagens proibidas, como no episódio do bezerro de ouro, parece algo espontâneo, quase acidental, como se a imagem tivesse feito a si mesma.[6]

A fabricação de espetáculos humanos é como bruxaria — um encantamento, um feitiço, a criação de uma imagem que convoca a uma reação dos nossos anseios mais íntimos. A idolatria é a *televisão* primordial, o trazer uma divindade distante para perto dos olhos. Mas Deus não se aproximará do seu povo por meio de um bezerro de ouro. Ele se aproximará no Espetáculo do seu Filho encarnado. A despeito de todo o debate acerca de como aplicar o segundo mandamento à vida cristã hoje (e de se devemos aplicá-lo), deveríamos ao menos parar e ponderar se a proibição original não é "a expressão perfeita de um Deus zeloso que deseja não apenas adoração exclusiva, mas também a tutela exclusiva da vida interior, o que significa ter os

---

5 W. J. T. Mitchell, *What Do Pictures Want? The Lives and Loves of Images* (Chicago: University of Chicago Press, 2005), 16.
6 Êx 32.24.

direitos exclusivos à produção de imagens".[7] Ídolos são proibidos porque eles estão sempre exigindo algo de nós.

    Jesus, o salmista, Moisés e os profetas, todos conheciam a porta de entrada para aquela vida interior. A vastidão do assombroso apetite de nossa alma é aberta e acessada por novas imagens e espetáculos que capturam nossos corações. O coração humano se dobra na direção daquilo que o olho vê. Hoje, os fabricantes de imagens lançam ao mundo espetáculos digitais de sexo, riqueza, poder e popularidade. Essas imagens nos adentram, nos moldam e modelam nossas vidas de maneiras que concorrem com o desígnio de Deus para o nosso foco e a nossa adoração.

---

7 Mitchell, *What Do Pictures Want?*, 16-17.

CAPÍTULO 27

UM FILME TÃO BOM QUE IRIA DESTRUÍ-LO — VOCÊ ASSISTIRIA?

Essa é a pergunta que David Foster Wallace faz em seu romance *Graça infinita* — um título shakespeariano que se duplica, pois é também o nome do filme dentro do extenso conto.[1] No enredo, o filme *Graça infinita* cativa corações e olhos de maneiras que nenhum outro entretenimento pode igualar. O filme letal serve como um "MacGuffin" para todo o romance, um truque de roteiro para desenvolver os demais subtemas.[2]

---

1 David Foster Wallace, *Infinite Jest* (New York: Back Bay Books, 2006) [edição em português: Graça infinita (São Paulo: Companhia das Letras, 2014)]. Não estou recomendando este longo romance aos leitores em geral. Ele de fato contém vários insights brilhantes sobre a natureza humana, mas a obra é longa, tediosa e intrincada, apresentando uma estrutura de roteiro fabricada por um romancista com conhecimento matemático e que a inspirou no triângulo fractal de Sierpiński's, certamente a fim de frustrar muita gente na primeira leitura.

2 N.T.: "MacGuffin" é uma expressão, cunhada pelo cineasta Alfred Hitchcock, para designar um objeto, evento ou personagem que serve para estabelecer o roteiro e fazê--lo avançar, apesar de geralmente não possuir importância intrínseca, cf. https://www.merriam-webster.com/dictionary/MacGuffin

O governo americano investiga obsessivamente o viciante filme e seus efeitos. Com seu corpo amarrado a uma cadeira e eletrodutos agarrados às suas têmporas, um rato de laboratório humano assiste ao filme, narrando aos pesquisadores e suas pranchetas o que ele via na cena de abertura — "antes que as energias mentais e espirituais do sujeito abruptamente declinassem, a ponto de que, mesmo voltagens quase-fatais transmitidas pelos eletrodos, não desviavam sua atenção do Entretenimento". Após verem o filme e, então, não desejarem nada além do que vê-lo repetidamente, as "vítimas" eram encaminhadas à ala psiquiátrica. "O sentido da vida das pessoas tinha se reduzido a um foco tão estreito que nenhuma outra atividade ou conexão conseguia prender a atenção delas. Dotadas basicamente das energias mentais/espirituais de uma mariposa."[3]

Se um filme fosse tão bom assim — fatalmente divertido —, você assistiria?

Numa entrevista em 1996, Wallace o descreveu como "um tipo de exagero paródico da relação das pessoas com o entretenimento em nossos dias. Mas eu não penso que seja tão diferente da vida real", ele disse. Wallace estava soando um alarme. No romance, as relações entre Estados Unidos e Canadá estão tensas ao ponto de que certos indivíduos canadenses tentam transmitir o filme nos EUA como subterfúgio cinemático — uma tentativa de fazer o país inteiro "se engasgar até à morte com a guloseima".[4]

No romance, Wallace conseguiu usar um único filme sedutor como metáfora para toda a indústria norte-americana do entretenimento. O governo dos EUA enfrenta o imenso

---

3 Wallace, *Graça Infinita*, edição Kindle.
4 Kunal Jasty, "A Lost 1996 Interview with David Foster Wallace", medium.com, 21 dez. 2014.

desafio de alertar as pessoas para não assistirem ao filme sem, com isso, amplificar o espetáculo e incitar as massas a correrem para vê-lo imediatamente. Spoiler: não é possível.

"Penso que grande parte da confusão no livro conduz à conclusão de que o governo, na verdade, não pode fazer muita coisa", disse Wallace. "Nossas decisões sobre como nos relacionamos com diversão, entretenimento e esportes são muito pessoais, tão particulares que, de certo modo, são uma conversa entre nós e o nosso coração", completou. "De fato, há uma boa dose de sátira com o governo correndo de um lado para o outro, tentando descobrir o que fazer. Somos nós, como indivíduos, que teremos de decidir interiormente o que merece nossa entrega e o que não merece".[5]

Uma das questões centrais do romance é bastante direta: será que os cidadãos americanos "possuem os meios para se protegerem de se entreterem até à morte"? O entretenimento em vídeo vai ficando "cada vez melhor", ele disse, "e não está claro para mim que nós, enquanto cultura, estamos ensinando a nós mesmos e aos nossos filhos quando iremos dizer *sim* ou *não*".[6] Essas decisões não podem ser legisladas. Elas exigem uma resolução pessoal.

> "De algum modo, penso que nós, enquanto cultura, temos medo de nos ensinar que o prazer é perigoso", diz Wallace, "e que alguns tipos de prazer são melhores que outros e que parte do significado de ser humano é decidir o quanto de participação ativa queremos ter em nossa própria vida".[7]

---

5 Tony Reinke, "David Foster Wallace on Entertainment Culture", tonyreinke.com, 5 mar. 2018.
6 Ibid.
7 Ibid.

Wallace se autodenominava um viciado em telas. Ele lamentava a falta do autocontrole necessário para consumir entretenimento em vídeo apenas em pequenas doses. Ele também passou a crer que a TV fora concebida para ser consumida em excesso. Então, ele se livrou da sua TV. "Eu não tenho uma TV porque, se tiver, irei assistir o tempo todo".[8] "Eu não tenho uma TV, mas não é culpa dela", reitera. "Depois de uma hora, eu nem tenho mais prazer em assistir, sentindo-me culpado por estar sendo tão improdutivo. Após me sentir culpado, fico ansioso e isso me faz querer buscar alívio nas distrações e, então, assisto à TV ainda mais. Logo, tudo se torna deprimente. Minha própria relação com a TV me deprime".[9]

Alguns de nós terão de jogar a TV no lixo, mas todos nós temos de cultivar um uso consciente de nossa mídia, pois Wallace apresenta um argumento profundo (embora simples) ao dizer: "A maioria dos problemas na minha vida tem a ver com minha confusão entre aquilo que eu *quero* e aquilo que eu *preciso*".[10]

Não creio que Wallace fosse cristão, mas ele perscrutou tensões espirituais profundas na era midiática. Alimentar-se de *mídias pecaminosas* irá anular suas santas afeições. Sem dúvida. Mas empanturrar-se de um excesso de *mídias moralmente neutras* também irá depredar seu zelo afetivo. Cada um de nós precisa aprender a proteger prazeres superiores fazendo guerra contra deleites inferiores.[11] Nossos programas, filmes e

---

8 ZDFinfo, rede estatal da televisão alemã, entrevista com David Foster Wallace, nov. 2003.
9 Reinke, "David Foster Wallace on Entertainment Culture."
10 ZDFinfo, rede estatal da televisão alemã, entrevista com David Foster Wallace.
11 Uma rivalidade que parece incongruente, como bem capturado na pergunta retórica de Neil Postman: "Quem está pronto para pegar em armas contra um mar de

games nos seduzem para que nos entreguemos às telas, um vício em vídeo o qual Wallace chamou de "um impulso religioso distorcido", uma entrega de si que deveria estar reservada apenas para Deus, uma dedicação idólatra da alma a uma mídia incapaz de nos amar de volta.[12]

Isso significa que o maior problema com os videogames não é que jogá-los seja inerentemente mau, mas sim que jogá-los é tão bom ao ponto de viciar-nos. Os games exploram nossa competitividade social, nosso amor por narrativas e nosso interesse em resolver problemas. À medida que as franquias de games se expandem, esses sonhos digitais vão se tornando holisticamente imersivos.

O maior problema com a TV não é que ela seja inerentemente má, mas sim que a TV é infinitamente boa em nos dar exatamente o que queremos, sempre que quisermos. Nossas plataformas sob demanda continuam a crescer em opções.

Vivemos numa era em que os artesãos digitais de nossa cultura visual têm alcançado níveis inacreditáveis de destreza, poder e influência. Eles nunca foram tão bons. E estão ficando melhores. Nossos fazedores de imagens conjuram fantasias dentro de nós — algo que não é mau em si, mas que certamente tem um poder viciante e mais atraente do que a vida comum. Minha vida cotidiana jamais poderá concorrer com os mágicos televisuais da Electronic Arts, da Nintendo, de Hollywood, da HBO. E, à medida que nossos espetáculos digitais se tornam mais complexos e cheios de nuances, eles exigem ainda mais do nosso tempo e reivindicam mais da nossa vida.

---

distrações?". Neil Postman, *Amusing Ourselves to Death: Public Discourse in the Age of Show Business* (New York: Penguin, 2005), 156.
12   David Lipsky e David Foster Wallace, *Although of Course You End Up Becoming Yourself: A Road Trip with David Foster Wallace* (New York: Broadway Books, 2010), 82.

No exato momento em que nosso corpo está anestesiado e estamos "vegetando" em um coma onírico diante de uma tela, estamos sendo empobrecidos. Algo está sendo roubado de nós. Wallace fez uma descoberta profunda ao sugerir que nosso entretenimento suga nossa energia espiritual. O consumo excessivo de distrações drena todo o vigor de nossa alma. Assim como o meu tempo é um jogo de soma zero, também o é a minha "energia espiritual" — minhas afeições e minha capacidade de deslumbramento.

> "Penso que os próximos quinze ou vinte anos serão um tempo muito assustador e muito empolgante", diz Wallace, "quando tivermos de reavaliar nossa relação com a diversão, o prazer e o entretenimento, pois eles se tornarão tão bons e tão emocionantes que teremos de forjar algum tipo de atitude para com eles que nos permita permanecer vivos".[13]

---

13   Reinke, "David Foster Wallace on Entertainment Culture."

CAPÍTULO 28

ESPETÁCULOS RESISTÍVEIS

O segundo mandamento e o testemunho de um romancista pós-moderno concordam: os espetáculos que prendem nossa atenção extraem algo importante de nós. Num exemplo extremo, um filme de terror faz o espectador temer, tremer e gritar. Provocar medo é o próprio atrativo da película. Mas todo espetáculo visual quer algo de você. Tomemos um exemplo religioso. Numa igreja bizantina, os ícones visuais implicitamente requerem algo do seu íntimo — sua veneração, seu amor, até mesmo um beijo seu, diz o historiador da arte W. J. T. Mitchell.

"Obviamente, isso pressupõe que as imagens têm vida em si mesmas, isto é, uma meia-vida", ele diz. "Ninguém se engana mais do que quando você brinca com uma boneca e acha que ela está realmente viva, ou quando participa de um teatro de fantoches. Mas é um tipo de encenação na qual ficamos semiconscientes diante das imagens, como se elas pudessem olhar para nós, como se pudessem falar conosco e dizer-nos o que elas pretendem ou o que desejam".[1] Como o ídolo, toda imagem apresenta diante de nós suas necessidades, exigências e desejos. "Pode parecer estranho", escreve Mitchell, "mas não há como evitar perguntarmos às imagens o que elas desejam. Essa é uma pergunta que não estamos acostumados a fazer e que nos deixa desconfortáveis, por parecer ser exatamente o tipo de pergunta que um idólatra faria, algo que conduz o processo de interpretação a um tipo de deificação secular.

O que as imagens querem de nós? Para onde elas estão nos guiando? Do que elas *carecem*, o que elas nos convidam a satisfazer? Que desejo nós projetamos sobre elas e que forma esses desejos tomam ao serem projetados de volta em nós, fazendo-nos exigências, seduzindo-nos a sentir e agir de determinadas maneiras?".[2] Assim, nesta era governada pelos olhos, cada espetáculo se torna um potencial instrumento ou agente de dominação, sedução, persuasão e engano.

De Zengotita chega à mesma conclusão, com uma linguagem mais direta. "Tudo são projéteis com mensagens disparadas diretamente às suas gônadas, suas papilas gustativas, suas vaidades, seus temores", ele diz. "Mas está tudo bem; essas balas buscam penetrar, mas de modo passageiro; é tudo de brincadeira. Um segundo da sua atenção é tudo o que elas lhe pedem". Viver na era do espetáculo, ele diz, é viver numa "sauna psíquica" feita exclusivamente para você — tendo você por alvo.[3] Com tanta mídia em nossa vida, somos

---

1 W. J. T. Mitchell, "W. J. T. Mitchell — A Baker-Nord Center for the Humanities Interview", youtube.com, 23 mar. 2008.
2 W. J. T. Mitchell, *What Do Pictures Want? The Lives and Loves of Images* (Chicago: University of Chicago Press, 2005), 25.
3 Thomas de Zengotita, *Mediated: How the Media Shapes Your World and the Way You Live in It* (London: Bloomsbury, 2006), 21 [edição em português: Mediatizados como os média moldam o nosso mundo e o modo como vivemos (Lisboa: Bizancio, 2006)].

perpetuamente movidos por um espetáculo, depois outro, depois outro. Aquilo que outrora pode ter sido considerado chocantemente imodesto, ou forte demais para olhos, agora é tolerável na era dos espetáculos com prazo curtíssimo de validade. Imagens vêm e vão numa enxurrada de sensações que passa sobre nós. "Qual o problema?", talvez perguntemos. É tudo tão sem valor. Tão passageiro. Nada nos choca. Uma nova bala obscena ou nojenta nos atinge e, então, desaparece. Não precisamos de espetáculos que durem mais do que um momento chocante. Não pedimos que eles se prolonguem. Certamente novos espetáculos já estão prestes a atingir-nos.

O verdadeiro poder dos espetáculos está naquilo que *nós pensamos que eles nos oferecem*. Mitchell admite: "Imagens certamente não são desprovidas de poder, mas elas podem ser muito mais fracas do que pensamos".[4] Os espetáculos tentam nos convencer de que eles são tudo, mas não são.[5] Como os ídolos antigos, as imagens estão ativas, mas mortas; são poderosas, mas fracas; significativas, mas insignificantes.[6] O argumento de Mitchell é que o poder da imagem de nos fazer exigências se origina na atenção que nós devotamos a elas.

Isso faz com que os espetáculos mais inevitáveis de nossa era sejam os virais — não porque tais espetáculos sejam inerentemente poderosos, mas porque, ao atraírem tanta atenção humana, eles acumulam uma influência sobre todos nós. Atenção é a nova matéria-prima do poder; o espetáculo viral é o seu produto. Isso significa que, quando ignoramos um espetáculo, desplugamos o seu poder.

---

4 Mitchell, *What Do Pictures Want?*, 33.
5 Ibid., 2.
6 Ibid., 10.

Espetáculos digitais compartilham essa feição com as antigas imagens feitas de madeira e prata. Em si mesmos, são todos objetos impotentes, vazios de significado — até que seus adoradores os invistam de esperança redentiva, ocasião em que eles se tornam ídolos animados, tendo o poder demoníaco por detrás e a condenação divina contra si.

CAPÍTULO 29
RESUMOS E APLICAÇÕES

Eu jamais trocaria minha vida por outra em qualquer era anterior da história mundial. Sou deslumbrado com esta vida na era tecnológica das glórias cinematográficas, das façanhas atléticas em câmera lenta e das conexões por meio das redes sociais. Contudo, eu sei que preciso viver de realidades eternas que inspirem uma saudável resistência a qualquer era na qual Deus me colocar. Essa tensão me conduz à aplicação. Como florescer em Cristo enquanto vivo nesta era de espetáculos concorrentes? Dez pensamentos.

1. *Os cristãos precisam chamar as coisas vãs pelo que elas são.* Os espetáculos frequentemente apelam à nossa cobiça carnal por coisas vãs. Em toda e qualquer cultura, a tensão do espetáculo que Agostinho viu em seus dias tem sido uma disputa entre os "espetáculos da verdade" e os "espetáculos da carne".[1]

---

1 Agositnho de Hipona, "Sermons on Selected Lessons of the New Testament," in *Saint Augustine: Sermon on the Mount, Harmony of the Gospels, Homilies on the Gospels*, ed. Philip Schaff, trans. R. G. MacMullen, vol. 6, A Select Library of the Nicene and Post-Nicene Fathers of the Christian Church, First Series (New York: Christian Literature Co., 1888), 245.

Nossa mente estará cheia destes ou daqueles. Deveríamos nos levantar com ousadia e expor os espetáculos da política, da guerra, do entretenimento e das redes sociais sempre que sentirmos que eles são mentiras, doutrinação ou carnalidade. Na era do espetáculo, poucas pessoas podem ver através da miragem da indústria do espetáculo e identificar essas coisas vãs.

Os cristãos podem (e devem) falar profeticamente para desmascarar os espetáculos e expor sua real impotência. Somos chamados para abrir a cortina e revelar as forças demoníacas que há por trás dos espetáculos nefastos que dominam nossa era — especialmente nos espetáculos da lascívia. Precisamos estar prontos a considerar que uma única cena de sexo explícito pode arruinar um filme inteiro, que um único episódio explícito pode arruinar uma série inteira de televisão. Os cristãos estão bem familiarizados com o sentimento de que os melhores fabricantes de espetáculo da nossa cultura perpetuamente nos decepcionam. Essa tensão é insolúvel e nós jamais devemos esquecer o Espetáculo que nos guia: Cristo pendurado numa cruz, suspenso no ar por pregos, rejeitado e escarnecido pela humanidade, a fim de romper com nosso vício por toda coisa vã.

2. *Precisamos recuperar a categoria dos pecados dos olhos.* "Se teu olho te faz pecar..." é uma das expressões mais corajosas da boca de Jesus, aparecendo três vezes nos evangelhos.[2] Os nossos olhos não apenas nos levam a comportamentos pecaminosos, mas também a consumir imagens pecaminosas. Talvez pensemos em nossos olhos como receptores neutros ou inocentes, mas eles não são. Os olhos têm apetites e desejos

---

2 Mt 5.29; 18.9; Mc 9.47.

inerentes. Olhos pecaminosos passeiam desenfreados, em busca do pecado. Fazemos bem em recuperar a expressão "a concupiscência dos olhos" (1Jo 2.16), pois até mesmo olhos redimidos são cobiçosos, insaciáveis, nunca satisfeitos, até mesmo suscetíveis aos espetáculos da riqueza, sexo, poder e violência.[3] Em vez disso, nossos olhos devem servir como guardiães do coração. Quando eles falham, deixam o coração exposto e desprotegido. Como disse um puritano, não há como proteger o coração se deixamos os olhos desprotegidos.[4]

3. *Precisamos resistir à manipulação dos espetáculos vãos.* Os puritanos não trabalharam para destruir a indústria do entretenimento. O problema central, como os puritanos sabiam, não era uma questão de políticas públicas, mas uma questão de apetites e desejos pessoais. Os puritanos eram sensíveis e atentos à beleza, mas estavam cônscios do pecado dentro de nós que é atraído para apetites sórdidos e para uma indolência vã que desperdiça nossa vida.

A capacidade da alma é adaptável e se molda segundo o objeto de sua alegria. Uma "dieta regular de trivialidades encolhe a alma", diz o teólogo John Piper. "Você se acostuma com ela. Começa parecendo normal. Aquilo que é tolo se torna divertido. E o divertido se torna agradável. E o agradável se torna satisfatório à alma. E, no final, a alma que é criada para Deus, desceu ao ponto de satisfazer-se comodamente em trivialidades".[5] Há muito hipnotizado pelos espetáculos triviais e reluzentes deste mundo, nosso coração não consegue

---

[3] Ec 1.8; 4.8; Pv 27.20; Is 33.15; 2Pe 2.14.
[4] Thomas Manton, *The Complete Works of Thomas Manton* (London: James Nisbet, 1872), 6:390.
[5] John Piper, *Penetrado pela Palavra: trinta e uma meditações para sua alma* (São José dos Campos, SP: Fiel.2016), 89.

crescer em seu deleite por Cristo. Mas, ao nos alimentarmos de Cristo, a glória dele satisfaz nosso coração ao mesmo tempo em que alarga nossos desejos por mais dele mesmo. Contudo, vivemos neste mundo com a tensão entre aquilo que mais captura os nossos olhos e aquilo que mais alimenta a nossa alma.

Historicamente, violência e erotismo são dois espetáculos carregados com a mais poderosa força capaz de moldar o coração. Quando Jesus nos adverte contra o olhar lascivo, ele faz uma afirmação ousada. Por muitos anos, as pessoas têm tentado ligar uma dieta de violência ficcional e sexo virtual a um aumento no número de atos reais de violência e expressões de lascívia. Mas a verdade é que games violentos não aumentaram a violência juvenil e a pornografia digital não levou a um pico na atividade sexual adolescente. A conexão mais direta é o apetite do coração por violência e sexo fictícios. O problema não é que espetáculos conduzem a atividades pecaminosas; o problema é o pecado do olho em si. Concupiscências ocultas são temporariamente alimentadas pelos espetáculos da violência ficcional e do sexo virtual.

Mesmo que uma cena seja fictícia — ou até mesmo parte de uma fábula moral, na qual o pecado não é elogiado, mas exposto como destrutivo —, essas visões ainda têm poder sobre o nosso coração. Como Cipriano diria sobre o teatro: "Os crimes nunca morrem pelo decorrer das eras; a perversidade nunca é abolida pelo passar do tempo; a impiedade nunca é sepultada no esquecimento", pois o teatro traz de volta toda a famigerada maldade da história como espetáculos reencarnados para o deleite dos olhos.[6] Assim, o que sucede com nossa

---

6 Cyprian of Carthage, "The Epistles of Cyprian," in *Fathers of the Third Century: Hippolytus, Cyprian, Novatian, Appendix*, ed. Alexander Roberts, James Donaldson, and

vida quando os pecados mais espetaculares da história não morrem, mas são infindavelmente "reprojetados" aos nossos olhos pela mídia da última geração?

A Escritura diz sem rodeios: os olhos que contemplarão a beleza de Deus são olhos que se fecham "para não contemplar o mal" (Is 35.15-17). O espetáculo da beleza de Deus é para a mulher que se recusa a alimentar sua curiosidade sensorial com sanguinolência gratuita, ainda que seja, talvez, em uma mídia totalmente ficcional. O espetáculo da beleza de Deus está reservado ao homem que se recusa a alimentar-se incansavelmente de jornalismo sensacionalista que atiça a ansiedade pessoal, repele Deus e o faz parecer mais distante e irrelevante à nossa vida.

Numa era jornalística em que "provocar comoção barulhenta é a única estratégia segura para obter visualizações", os canais de notícias alimentam nosso pânico coletivo; e o ultraje se torna um bom negócio para os jornalistas capazes de "conservar nossos níveis coletivos de cortisol [nosso hormônio do estresse] altos o suficiente para manter um constante sentimento de urgência do tipo 'mate ou morra'".[7] Os cristãos precisam se proteger dessas táticas de espetáculo que manipulam nossos sentidos.

4. Precisamos viver por uma resolução pessoal. Não antevejo os cristãos da minha cultura em breve liderando uma revolta de massa contra o entretenimento corrosivo, a violência gratuita, os comerciais lascivos ou a nudez nas telas. Minhas esperanças para este livro estão inescapavelmente vinculadas à história.

A. Cleveland Coxe, trans. Robert Ernest Wallis, vol. 5, The Ante-Nicene Fathers (Buffalo, NY: Christian Literature Co., 1886), 277.
7 Douglas Rushkoff, *Present Shock: When Everything Happens Now* (Falmouth, ME: Current, 2014), 48-49.

Eu lamentei ao ler as infrutíferas súplicas de Agostinho a Alípio, seu aluno cristão, na tentativa de alertá-lo do poder sedutor dos esportes sangrentos da Antiguidade. Lamentei ao ler sobre como o célebre pregador João Crisóstomo censurava a cobiça da cultura pelo entretenimento e, particularmente, alertava as pessoas contra entregarem suas vidas ao teatro e às corridas de cavalo; e então, assim que saíam da igreja, "muitos de seus ouvintes corriam dos seus sermões para o circo, para assistir exatamente àqueles espetáculos, com o mesmo entusiasmo dos [não cristãos]".[8] Leio sobre Cipriano repreendendo todos os que pagavam para assistir aos gladiadores, para que "o sangue pudesse alegrar a concupiscência de olhos cruéis".[9] Depois, lamentei ao ler um historiador dos espetáculos romanos, o qual disse que "os polemistas cristãos, a despeito de sua paixão e eloquência, tiveram pouco efeito negativo sobre os jogos de gladiadores. O cristão médio prestava pouca (ou nenhuma) atenção aos críticos dos jogos".[10] Mesmo o poder de persuasão de Agostinho se mostrou impotente para manter os cristãos professos longe da sedução do banho de sangue da era dos gladiadores.

À parte de um renovado derramar do Espírito Santo, que esperança nós temos de incitar uma resistência massiva dos cristãos ao sexo, à lascívia e à nudez que dominam os espetáculos da era digital? Só podemos viver por uma resolução

---

8 Philip Schaff, "Prolegomena: The Life and Work of St. John Chrysostom," in *Saint Chrysostom: On the Priesthood, Ascetic Treatises, Select Homilies and Letters, Homilies on the Statues*, ed: Philip Schaff, vol. 9, A Select Library of the Nicene and Post-Nicene Fathers of the Christian Church, First Series (New York: Christian Literature Co., 1889), 11.
9 Cyprian of Carthage, "The Epistles of Cyprian," 277.
10 Roger Dunkle, *Gladiators: Violence and Spectacle in Ancient Rome* (Abingdonon--Thames, UK: Routledge, 2008), 201-6.

pessoal, ao mesmo tempo em que oramos ao Espírito por um movimento mais amplo na igreja.

5. *Precisamos adotar uma mentalidade de mártires*. Não um derrotismo que diz "Coitado de mim!", mas uma separação deste mundo. Chanon Ross nos chama a abraçar a identidade de "mártires vivos" — estar no mundo sem pertencer-lhe, "mortos para o mundo" e para todos os seus espetáculos reluzentes, mas vivos em Cristo (Cl 2.20). Ser um mártir vivo é conscientemente recusar viver dentro das indústrias dominantes dos espetáculos e do consumismo; renunciar estrategicamente a um mundo centrado no espetáculo e orientado para o consumo, como testemunhas da dignidade de Cristo; abraçar a temperança; e renovar o compromisso com a prioridade da comunidade.[11]

Nesta terra de espetáculos concorrentes, deparamo-nos com uma guerra espiritual. Satanás cega os corações ao encher os olhos com coisas vãs. O seu véu sobre os corações humanos, hoje, é um véu de pixels; e as cadeias da sua escravidão espiritual são atadas ao teatro deste mundo. Mas, em uma cultura na qual a relevância se mede pelo consumo dos espetáculos do momento, o espetáculo da morte de Cristo rompeu para sempre nossa escravidão à indústria mundana do espetáculo, essa escravidão primordial a Satanás.

Como na Roma antiga, nossos fabricantes de espetáculos buscam direção nos apetites populares das massas. Como apontou David Foster Wallace, "o que a TV é extremamente boa em fazer — e perceba que isso é *tudo o que ela faz* — é discernir o que grandes números de pessoas pensam desejar e,

---

11 Chanon Ross, *Gifts Glittering and Poisoned: Spectacle, Empire, and Metaphysics* (Eugene, OR: Cascade, 2014), 109.

então, supri-las com aquilo".[12] O mesmo princípio publicitário se aplica aos nossos espetáculos mais poderosos. Num mundo em que sexo, riqueza, poder e beleza são os ídolos dominantes, esses ídolos inundarão nossas principais mídias. O alvo do espetáculo é fazer espectadores e mantê-los como espectadores. É tudo um ciclo. Os vídeos que dão lucro são aqueles que melhor espelham o que a maioria dos olhos humanos deseja. Sistemas de classificação etária são estabelecidos para que os adultos alimentem na tela suas fantasias mais picantes, ao mesmo tempo em que buscam proteger os olhos de seus filhos daqueles mesmos desejos obscenos. Mas esse mecanismo de retroalimentação também significa que a TV é uma mostra em alta definição do apetite coletivo da cultura. A TV é a *imago Populi* — o conjunto dos apetites em voga na sociedade encarnados e transmitidos numa forma visível.[13] Hoje, mais do que nunca, a multidão determina o *quem*, o *quê*, o *quando*, o *onde* e o *porquê* de tudo o que aparece em nossas telas. O apetite da multidão determina o entretenimento que nos é oferecido.

As mídias sociais podem parecer empoderar as vozes individuais, mas, na verdade, é a atenção ou a indiferença coletiva da multidão que determina quais vozes são vistas, ouvidas ou ignoradas. A era dos espetáculos é a era da multidão. A multidão recebe o que a multidão deseja. Se ela deseja Barrabás, recebe Barrabás. Os cristãos podem aprender com a desconfiança de Jesus para com as multidões.[14] E os cristãos podem resistir às tendências populares do espetáculo.

---

12 Stephen J. Burn, ed., *Conversations with David Foster Wallace* (Jackson, MS: University Press of Mississippi, 2012), 23.
13 David Foster Wallace, *A Supposedly Fun Thing I'll Never Do Again* (New York: Back Bay Books, 1998), 68 [edição em português: *Uma coisa supostamente divertida que nunca mais vou fazer* (Lisboa: Quetzal Editores, 2013)].
14 Jo 2.23-25; 6.15; 18.38-40.

A proibição de gerações passadas ao consumo de mídia — "Não assistirás!" — deu lugar a uma nova lei na terra da mídia — "Não pararás de assistir!". A admoestação para fugirmos do que nos corrompe deu lugar ao anseio de consumir desenfreadamente o que nos entretém. A produção incessante de mídia agora encontrou o apetite insaciável da cultura por mídia. Nossa obesidade midiática é hoje mais grave do que nossa obesidade física. E não nos tornamos mais felizes. Tornamo-nos mais solitários. Tornamo-nos mais deprimidos.

Mesmo sem reduzir o vazio, os valores televisuais continuarão a governar nossa cultura.[15] O entretenimento em vídeo é o ópio do povo, seu escape da realidade. Defrontados com o interminável cardápio de espetáculos digitais deste mundo, os cristãos irão decidir ocasionalmente se afastar das telas ao seu redor, desligá-las por um dia, uma semana ou algumas semanas. Iremos decidir fazer jejuns da indústria do espetáculo, para nos desintoxicarmos digitalmente, como um modo de nos lembrarmos de que vivemos nesta era do espetáculo como estrangeiros.

6. *Precisamos resistir à tentativa de aliviar a tensão do espetáculo muito rapidamente.* O antinomiano que assiste a tudo o que deseja, em nome da liberdade cristã, é tão ingênuo quanto o legalista que celebra sua abstenção total de TV, filmes e tempo de tela como uma evidência de sua santidade cristã. Os espetáculos do mundo e o Espetáculo de Cristo não são amigos. Às vezes, eles se colocam em conflito direto (quando se trata de exibir e celebrar o pecado). Outras vezes,

---

15 David Foster Wallace: "Penso ser seguro dizer que a televisão — ou os valores televisivos — governam a cultura". Terry Gross, "David Foster Wallace: The 'Fresh Air' Interview", npr.org, 5 mar. 1997.

eles convivem numa tensão insolúvel (quando se trata de tomar nosso tempo e atenção). Eles permanecerão em tensão até Cristo retornar à terra em sua glória transfigurada. Até lá, somos deixados em meio às pressões culturais e recebemos o Espírito e a revelação para nos ajudarem a caminharmos com sabedoria nesta era. É impressionante quanta sabedoria um livro anterior à mídia de massa (a Bíblia) tem a nos oferecer na era do espetáculo, se estivermos dispostos a ouvi-lo e a aplicá-lo cuidadosamente.

Contudo, precisamos aprender a mostrar caridade a irmãos e irmãs de quem discordamos. Não há soluções fáceis. A decisão não é simplesmente assistir a qualquer coisa com classificação para menores de doze ou catorze anos. Cada espetáculo cultural diante de nós deve ser considerado pelo seu valor. E quaisquer espetáculos que sejam verdadeiros, respeitáveis, justos, puros, amáveis, de boa fama — tais são os espetáculos com conteúdo para serem potencialmente abraçados.[16] Precisamos ser cuidadosos em julgar cristãos por assistirem a esportes, filmes, shows ou peças de teatro. Podemos condenar um irmão em Cristo que está empolgado para ver o último filme de ação com efeitos especiais espetaculares? Podemos deixar que cristãos apreciem redes sociais, eventos esportivos ou o último filme de super-herói, sem questionarmos seu amor por Cristo? Podemos reconhecer que outros possam participar dos espetáculos da era sem necessariamente abdicarem de sua vitalidade espiritual?

Por outro lado, deveria um cristão se sentir deslocado quando seus amigos cristãos riem do seriado famoso, após

---

16 Fp 4.8.

"maratonarem" no fim de semana? Alguns cristãos renunciarão a muitos espetáculos culturais. Podemos reprová-los por isso? Podemos repreendê-los por terem cuidado de seu próprio coração? Ou devemos nos tornar cristãos maduros, que não zombam, mas admiram aqueles que renunciam aos espetáculos mais audazes da cultura e que postergam seus sentidos em nome de uma glória futura?

A promessa é a mesma para todos nós: bem-aventurados os puros de coração, por darem sua atenção ao que é santo, pois a sua atenção há de ser saciada por uma visão do próprio Deus.[17] Cada um de nós precisa considerar essa radical promessa escatológica de Cristo em nossa dieta de mídia particular.

Ao mesmo tempo, estamos lidando com espetáculos de alto nível que ultrapassam em muito as tentações do mundo do primeiro século. Arte pagã, arquitetura religiosa, banquetes culturais, produções teatrais, jogos olímpicos e esportes sangrentos para as massas — tudo o que o mundo romano do primeiro século oferecia, em termos de guloseimas para os olhos, nossa era das telas e mídias digitais oferece num nível quase infinito. Diversas arenas em cada cidade, transmissão ao vivo de vídeos, entretenimento sob demanda e canais de notícias agora enchem cada momento de nossos dias (e noites), a menos que resistamos ativamente a essa concorrência pelo nosso olhar. Nenhuma época jamais viveu numa era do espetáculo como esta em que vivemos. E, enquanto as empresas declaram guerra contra nossos padrões de sono — o grande inimigo dos seus lucros crescentes —, nossa atenção de soma zero continuará a ser o alvo delas e de seus espetáculos cada vez mais excêntricos.

---

17 Ver Mt 5.8.

7. *Ponha-se regularmente diante do banquete do espetáculo de Deus.* No pulsar frenético dos estímulos elétricos, nossas mídias sobrecarregam nossos sentidos, fazendo com que as maravilhas divinas ao nosso redor simplesmente desapareçam. Embora Cristo seja o Espetáculo supremo e encontremos na Escritura a sua glória infindável por ser descoberta, ele não é o único espetáculo divino. A igreja local é aonde vamos para encontrar a Mesa do Senhor, o batismo e a pregação da Palavra, onde esses reiterados espetáculos nos chamam continuamente a uma resposta de adoração, arrependimento e alegria. E nós também deveríamos nos colocar, com frequência, diante dos espetáculos de Deus na criação. Os espetáculos da criação também exigem uma resposta, qual seja, nossa adoração, deslumbre e gratidão ao Criador em face de seu maravilhoso poder e majestade.[18] Documentários sobre a natureza são dádivas televisivas para nos aproximar dos hábitos e movimentos dos animais e para aproximar nossos olhos de lugares incríveis do mundo que não poderíamos ver pessoalmente. Fomos feitos para vivenciar o deslumbre — e a criação de Deus anseia por magnificar o Criador ante nossos olhos. Porém, também precisamos escapar das telas e observar da varanda uma trovoada — assistir aos raios, contar os segundos entre o relâmpago e o trovão, medir a distância pelo intervalo de tempo e assim ficar maravilhado ante a exibição do poder de Deus.

8. *Relacionamentos mudam nossa conversa sobre espetáculos.* Muitas vezes, nós abusamos de nossos espetáculos a fim de nos isolarmos dos outros. Como os Simpsons no sofá da sala, todos com os olhos voltados para a frente, as telas

---

18 Rm 1.18-23.

facilitam negligenciarmos, até ignorarmos, as pessoas sentadas bem ao nosso lado. Nós nos anestesiamos com mídias para amenizar a dor da nossa solidão, mesmo quando estamos sentados lado a lado com outrem.

Certos espetáculos também podem introduzir um propósito maior em assistir a jogos, peças teatrais e filmes, ao abrir novas portas para nos relacionarmos com um amigo, cônjuge ou filho, com o propósito de ouvir, amar e ter comunhão. Há um espaço para espetáculos serem usados com o objetivo de amar uns aos outros. Os cristãos conseguem enxergar propósitos divinos por trás do espetáculo. O espetáculo visual é não um fim, mas um potencial meio de participar da vida de outrem — uma oportunidade de ter uma experiência comum, uma nova porta de entrada para conhecer e ser conhecido num relacionamento.

Precisamos vigiar para discernir os espetáculos consumidos sozinhos no escuro, os filmes vistos em um celular e os games jogados num dispositivo individual. Quando assistimos a um espetáculo com outras pessoas, ajudamos uns aos outros a discernir espetáculos vãos e temos a oportunidade de nos envolver em comunhão.

9. *Cultive a disciplina sobrenatural de ser um espectador de Cristo*. Em sua crítica aos puritanos que haviam fechado os teatros londrinos, G. K. Chesterton afirmou que eles agiam a partir de um erro fatal. "O puritanismo não foi capaz de sustentar por três séculos aquele transe nu, a contemplação direta da verdade", escreveu; "com efeito, todo o erro do puritanismo foi imaginar, por um instante, que poderia fazê-lo".[19]

---

19 G. K. Chesterton, *Collected Plays and Chesterton on Shaw*, vol. 11, Collected Works of G. K. Chesterton (San Francisco: Ignatius Press, 1989), 381.

Esse transe nu da contemplação direta da verdade, como Chesterton denominou, não foi a invenção de um ideal puritano fracassado; ele se originou do imperativo paulino — um duplo mandamento. Se fomos ressuscitados para uma nova vida em Cristo, somos ordenados a "[buscar] as coisas lá do alto, onde Cristo vive", e, então, somos ordenados a colocar as nossas mentes "nas coisas lá do alto, não nas que são aqui da terra" (Cl 3.1-2).

Essa contemplação direta da verdade — esse transe nu — é um olhar direto. A mente não é apenas um computador que processa dados; ela é a faculdade de enxergar. É claro que Paulo falava de ver na Escritura. Mas nosso olhar é direto. Nosso Objeto é real. Esses mandamentos não são opcionais e os puritanos jamais acharam que fosse.

Esses mesmos puritanos fizeram bom uso da expressão latina *omnis vita gustu ducitur* — cada vida é conduzida pelos sabores que lhe dão prazer. Eles sabiam que cada criatura é dirigida por um desejo interior por sua comida preferida. Cada paladar é guiado por um gosto nato, intuitivo. Nossa natureza precisa ser completamente transformada e renovada pela graça, para termos algum gosto por Cristo. Apenas quando ele se torna doce ao nosso paladar é que podemos ser libertos dos apetites coletivos dos prazeres mundanos. A doçura do pecado deve ser destruída por um novo sabor. O prazer de Cristo mata os velhos prazeres que nos conduziam, e só depois disso nós recebemos em nós um novo gosto instintivo.[20]

Unidos a Cristo em sua morte e ressurreição, Cristo agora nos reivindica para si e passa a residir no próprio centro da

---

20 Thomas Goodwin, *The Works of Thomas Goodwin* (Edinburgh: James Nichol, 1861), 3:480, 6:465–66, 10:118–19.

nossa existência.[21] Ele muda tudo. Ele desperta nosso apetite por Deus. E, se essa busca por espetáculos centrada em Cristo não parece natural, é porque ela é completamente sobrenatural. "*Portanto, se fostes ressuscitados juntamente com Cristo, buscai as coisas lá do alto, onde Cristo vive*" (Cl 3.1). Aqui há um enorme "*portanto, se*". O apetite para buscar a Cristo no céu é o dom exclusivo de um Deus soberano. Apenas almas ressurretas terão seu apetite por deslumbramento calibrado pelo invisível Espetáculo de Cristo.

Nesta vida, portanto, a corrupção do entretenimento *pop* nem sempre é direta, mas indireta; não apenas mostrando demais, mas falhando em mostrar o suficiente. Nossos filmes e dramas televisivos apresentam uma visão do mundo na qual Deus é irrelevante. Por isso, o alerta do pastor David Platt é necessário: "Você não se torna parecido com Cristo sentando-se à frente da TV a semana inteira. E você não se torna parecido com Cristo navegando na internet a semana inteira. Você não se torna parecido com Cristo ao encher a sua vida com coisas deste mundo. Você se torna como Cristo quando contempla a glória de Cristo e expõe a sua vida, momento a momento, à glória dele", tudo isso por meio da revelação de Deus na Escritura.[22]

Para fixarmos nossa mente no Espetáculo de Cristo, somos chamados a uma disciplina pessoal que é totalmente estranha a este mundo, estranha até mesmo a nossas próprias inclinações naturais. Aprendemos um novo discurso divino — uma língua estranha de glória invisível — à medida que a Escritura alimenta nossos novos apetites pelo Salvador.

---

21 Gl 2.20.
22 David Platt, "Unveiling His Glory", sermão, 16 mar. 2008, radical.net.

Nosso novo apetite nos conduz *para* Cristo. Nenhum outro fator distingue tão claramente o apetite do cristão do apetite do mundo por espetáculos fabricados.

10. *Fale da graça a um mundo em sofrimento.* O espetáculo do sofrimento de Cristo nos concede mais do que um objeto para os olhos da fé; ele nos dá relevância à medida que ministramos graça na era dos espetáculos coletivos de sofrimento.

As novas mídias abrem nosso olhar para cada espetáculo de tragédia e injustiça ao redor do mundo — como aqueles que sofrem injustiças sociais, os que são vitimados pelos donos do poder na sociedade, ou os que sofrem *bullying*. A graça abre nossos olhos para vermos o sofrimento, para alcançarmos os oprimidos e necessitados e servi-los com compaixão.[23]

O espetáculo da cruz desperta em nós uma nova empatia pelas últimas vítimas do noticiário (sejam elas visíveis ou invisíveis às câmeras). O amor cristão nunca é um mero sentimento humanitário; o amor cristão está sempre arraigado na cruz. Mesmo hoje, a igreja fala com empatia não por ser politicamente "antenada" ou por estar sintonizada na frequência dos gemidos de sofrimento deste mundo, mas porque ela regularmente sente a dor amarga e o fruto doce da Vítima na Mesa do Senhor. Assistir à representação teatral da cruz em um palco ou em um filme pode nos mover poderosamente por um momento, mas a Mesa do Senhor, o sutil e simples simbolismo do pão e do cálice, nos convoca a nos envolvermos com um poder imaginativo que realiza algo mais profundo do que uma reação visceral. A Ceia do Senhor é uma cerimônia que alimenta as afeições interiores

---

23 Mt 25.31-46.

do nosso coração e a mediação imaginativa da nossa mente, equipando-nos para mais uma semana amando o próximo e fixando os olhos em Cristo.[24] Cristo no centro da vida é a maior mostra dos poderes imaginativos que Deus nos concedeu. E, ao repetirmos e revivermos o amargor da morte de Cristo, seu sofrimento é trazido para mais perto de nós, de modo que a igreja pode proclamar uma palavra de esperança a um mundo em sofrimento. Permanecer detidamente no espetáculo da cruz nos desperta para as injustiças, nos dá novas palavras a dizer e renova nossa energia para servir.

---

24 Henry Scougal, *The Works of the Rev. H. Scougal* (London: Ogle, Duncan, 1822), 204.

CAPÍTULO 30
MINHA PREOCUPAÇÃO SUPREMA

Nosso chamado hoje não é para fechar os clubes desportivos profissionais, como os cristãos primitivos que tentaram pôr fim aos esportes sangrentos de Roma. Tampouco nosso chamado é fechar os estúdios de Hollywood, como os puritanos que fecharam os teatros de Londres. Somos chamados a reconhecer o que é vão e desenvolver disciplinas pessoais para resistir ao impulso de encher nossa vida de espetáculos sem valor.

Em suma, todas as minhas preocupações se ofuscam diante desta: tédio de Cristo. Na era digital, achar Cristo monótono é o principal sinal de alerta de que os espetáculos deste mundo estão sufocando nosso coração do Espetáculo supremo do universo.

A velocidade da internet aumenta, as telas dos celulares ficam mais nítidas, as televisões ficam maiores, os *home-theaters* reivindicam o lugar de destaque na nossa casa (em proeminência, custo e prioridade) e nós começamos a viver dentro do mundo das nossas imagens. E, embora nenhum espetáculo neste mundo seja como *Graça infinita* ou o rosto de Medusa — capaz de, com um olhar, nos deixar em coma ou nos transformar em pedra —, com o tempo, espetáculos consumidos sem sabedoria deixarão nosso coração frio, indolente e insensível aos invisíveis prazeres eternos.

E, se qualquer palavra deste livro parece estar promovendo alguma forma de legalismo em relação à mídia, deixe-me ser claro: o Espírito Santo não nos convence de nossas falhas e tropeços nesta era de mídias intrusivas para nos fazer afundar num pântano de desânimo nem para nos atolar num lamaçal de culpa perpétua. Sim, todos nós temos sido digitalmente estúpidos com nosso tempo e atenção. Mas a mensagem da cruz nos diz que, em Cristo, somos livres para viver por algo muito melhor! Somos livres para centrar nossa vida nele, para desfrutar dele e para glorificá-lo, fixando nossa atenção nas coisas do alto, onde encontramos nosso maior Espetáculo, nosso maior tesouro.

Sim, nós fomos feitos para jogar, para rir, para praticar esportes, feitos para desfrutar uns dos outros. Mas nossos jogos são sempre mais saudáveis quando o jogo é parentético, uma fatia de vida compartilhada com outros. Na era do espetáculo, jogar se torna algo sem limites e que nos isola. Tudo que é "divertido" se torna uma distração mediada, uma guloseima visual enfiada goela abaixo em nossa consciência. Televisão, sexo, política, games, comerciais, redes sociais, esportes — novos espetáculos irrompem interminavelmente, apresentam as regras do jogo e fazem toda a nossa vida consciente submergir na avalanche de suas aspirações totalizantes. Quando não resistimos, quando cedemos aos interesses subsidiados dos fabricantes de espetáculos, nossa vida se torna um carnaval sem fim.[1]

O fastio da alma é uma grande ameaça e, quando nossa alma fica entediada, fazemos acordos com o pecado. Novas distrações, as quais prometem aliviar temporariamente nosso tédio, pairam sobre os pontos cegos da nossa ética. Ter discernimento para com a mídia nos força a encarar diretamente a monotonia da nossa alma. Provocando nosso tédio, esse carnaval midiático, esse excesso de estímulos digitais nos torna relapsos com o nosso coração. Cada um de nós precisa se doar a alguém ou a algo. Porém, nesta era midiática, nossos amores e afeições são congelados pela frieza das vãs distrações. Nosso coração endurece à medida que nos tornamos meros consumidores prontos a ser manipulados pelos fabricantes de espetáculos. Caímos na armadilha da era do espetáculo e já não podemos nos doar. Aquele que quiser ser "BFF"[2] dos espetáculos digitais constitui-se inimigo de Deus.[3]

O supremo chamado do cristão é guardar o coração, seus amores e desejos.[4] O pior negócio do universo é brincar nas piscinas rasas dos espetáculos mundanos em vez de mergulhar fundo em busca do tesouro de valor eterno. Diante de qualquer nova mídia que seja inventada e popularizada e de quaisquer questões que sejam suscitadas pela fábrica de espetáculos contemporânea, em nossa era — e em *qualquer era* —, nossa vida precisa estar ancorada em Cristo por essa zelosa

---

1 Umberto Eco, *Turning Back the Clock: Hot Wars and Media Populism* (Wilmington, MA: Mariner, 2008), 71-76.
2 N.E.: "BFF" é a sigla para a expressão em inglês "Best Friend Forever", que significa "melhores amigas para sempre".
3 Tg 4.4.
4 Pv 4.23.

urgência. "Os mais profundos prazeres possíveis e disponíveis à humanidade são encontrados em Cristo Jesus", diz o pastor Matt Chandler. "Precisamos ser muito sérios em nossa busca pela alegria — não alegrias baratas, transitórias, que temos por um instante e se vão no momento seguinte; mas alegrias eternas, que enchem a alma e transformam a vida".[5] Como seguidores de Cristo na era midiática, à medida que buscamos discernir o *quanto* e o *até que ponto*, nós centramos nossa vida na glória de Jesus Cristo.

A batalha do cristão nesta era midiática pode ser vencida apenas pelo poder expulsivo de um Espetáculo superior. Cristo é nossa segurança e nosso guia na era de espetáculos concorrentes, a era das mídias sociais. Ele é nossa única esperança na vida e na morte, na era por vir e nesta era midiática.

---

5 Matt Chandler, "Recovering Redemption—Part 11: Persevering in the Pursuit of Joy", youtube.com, 10 nov. 2013.

CAPÍTULO 31

UMA BELEZA QUE EMBELEZA

Susan Boyle é uma camponesa escocesa de 47 anos, desempregada e desinteressante, que subiu ao palco iluminado do programa de TV *Britain's Got Talent* e declarou ao mundo que aspirava à fama como uma cantora profissional. Descrentes, os jurados a ridicularizaram e se sentaram para ouvi-la, sem muito interesse.

Até que ela começou a se apresentar.

Nos primeiros segundos em que ela cantava a primeira linha de "I dreamed a dream", os queixos caíam pelo auditório. Dez milhões de espectadores ao vivo estavam fascinados. O vídeo da apresentação dela se espalhou como um viral, instantaneamente. Desde então, foi visualizado centenas de milhões de vezes. "Assista de novo ao vídeo da apresentação de Miss Boyle", escreve o professor de música e compositor Michael Linton, "mas desta vez assista aos jurados. Há um momento em que, após cerca de dois terços da música, eles estão transformados. O tédio, o cinismo, o profissionalismo, até a idade deles, tudo parece ter desaparecido. [...] Ver o rosto de [Simon] Cowell, [Amanda] Holden e Piers [Morgan], enquanto eles ouvem Miss Boyle, é ver pessoas quase beatificadas", escreve. "Esse evento, a música, as palavras, a mulher, os juízes reconhecendo sua própria vergonha ao julgá-la precipitadamente (assim como todas aquelas outras senhoras a quem eles haviam igualmente descartado no passado), sentido vergonha da audiência e ouvindo a ovação do público — em meio a tudo isso, a beleza do canto de Boyle paira como uma bênção sobre eles. Por um momento, só por um momento, nós os vislumbramos como eles são mais plenamente: generosos, felizes, abençoados, da maneira como Deus os vê. [...] E eles se tornam profundamente, magnificentemente belos".[1]

Belos espetáculos tornam outras pessoas belas, mesmo que por um momento passageiro. E essa bênção temporária reflete uma profunda dinâmica para os filhos de Deus. Toda a vida cristã se orienta para um espetáculo de beleza que nos tornará plena e completamente belos, assim como Deus nos vê e como ele nos projetou para ser. Em Cristo, somos beatificados num espetáculo de permanência, um espetáculo da nossa felicidade suprema.

---

1 Michael Linton, "Beauty and Ms. Boyle", firstthings.com, 20 abr. 2009.

CAPÍTULO 32
A *VISIO BEATIFICA*

Combine toda demonstração de beleza deste mundo num único objeto; isso seria o maior espetáculo da terra. Contudo, ainda seria meramente um eco tímido do que significa contemplar a fonte de toda beleza, o Deus vivo — o grande e belo Espetáculo da eternidade, arrebatador aos olhos e à alma.[1]

Porém, precisamos esperar. Neste exato momento, na anatomia da fé, a audição é o sentido principal. Depois, na anatomia da eternidade, a visão será o principal. Nós vivemos nesta tensão, enquanto esperamos por algo superior. Como cristãos, vivemos neste mundo presente, mas somos guiados por um futuro escatológico, a glória do teatro celestial. Ao afastarmos dos nossos olhos todos os encantamentos pecaminosos e todas as coisas vãs deste mundo, manifestamos um anseio cheio de fé pelo dia em que veremos a Deus (*visio Dei*) e contemplaremos Cristo com nossos olhos físicos (*visio oculi*).[2] Essa visão por vir — essa *visão beatífica* — será a plena contemplação de Cristo no esplendor incomparável da sua glória.

---

1 Jeremiah Burroughs, *The Saint's Happiness*, Dutch Church, Austin Friars (London, 1660), 424.
2 Mt 5.8; 1Co 13.12; 1Jo 3.2.

Cristo se transfigurou momentaneamente ante os olhos dos apóstolos[3] e nós estamos sendo santificados por sua glória transfigurada na Escritura. Porém, está por vir um espetáculo futuro, uma manifestação de beleza tão poderosa que irá nos embelezar — por completo, num instante. Plenamente manifestado diante de nossos olhos, o Senhor Jesus completará nossa santificação, restaurará nossa plena humanidade e arrancará de nós tudo o que for feio, defeituoso e caído. Essa visão de Cristo encherá nossa alma de alegria, felicidade eterna e prazeres sem fim.[4]

Fomos criados para essa visão. Todas as esperanças vãs que depositamos em nossos bens de consumo, cosméticos, dietas e nas promessas espetaculares dos publicitários — todas as esperanças vãs que buscamos para moldar nossa identidade com as melhores características, opções e escolhas — tudo isso apenas nos deixou mais desencantados em nossa tentativa de esculpir e modelar nosso próprio eu. E, diferente do brilho na face de Moisés, neste contemplar da aparição radiante do Salvador, seremos tão completamente irradiados pela glória divina que o brilho divino estará para sempre em nós, como portadores restaurados de sua imagem. Do primeiro momento em que contemplarmos o Cristo permanentemente transfigurado, o grande Espetáculo de glória da história cósmica, portaremos em nós a manifestação da beleza de Cristo como a nossa própria.

Em nossa fraqueza, ansiamos por este dia, por nos tornarmos belos e plenos na indescritível presença de Cristo. Mas, reitero, este momento já foi inaugurado dentro de nós, pois, como diz Goodwin, "a fé é a introdução da visão

---

3 Mt 17.1-13; Mc 9.2-13; Lc 9.28-36.
4 Sl 16.11.

beatífica".⁵ Ou, como diz Edwards, o conhecimento atual de Cristo é a coisa "mais doce e mais feliz" nesta vida. "Outros conhecimentos podem ser interessantes, mas esta é uma luz que é a primavera de uma felicidade eterna. É o princípio da visão beatífica".⁶ Sim, a beleza de Cristo já se apresenta aos olhos da nossa fé e está nos tornando belos já agora. Obter vislumbres ocasionais do esplendor de Cristo na Escritura é receber um facho de luz daquela visão beatífica, a qual já nos transforma "de glória em glória" (2Co 3.18). Nele, encontramos o objeto do nosso mais elevado amor, nossa mais segura identidade e nosso mais aguardado Espetáculo.

Mas esta ainda é a era das imagens digitais e a indústria do espetáculo é uma metralhadora que atira sem parar suas balas de novas mídias contra nós. Vivemos dentro dessa era midiática num estado de expectativa, enquanto aprendemos a desviar dessas balas antecipando uma Visão superior. Este mundo dificilmente sabe o significado de viver na esperança de um espetáculo. O mundo conhece um apetite incessante por empanturrar-se de novos espetáculos, ou uma breve expectativa entre o trailer e o filme, mas somente o cristão encontra verdadeira esperança num espetáculo futuro. Pois quem pode ter esperança naquilo que vê?⁷ A verdadeira esperança nos torna pacientes em um mundo centrado no visível, impaciente por novas visões. Nós não nos encaixamos. Andamos por fé e não por espetáculos visuais, com uma esperança que mesmo agora já opera em nossa purificação.⁸

---

5 Thomas Goodwin, *The Works of Thomas Goodwin* (Edinburgh: James Nichol, 1861), 21:24.
6 Jonathan Edwards, "One Thing Needful," in *Jonathan Edwards Sermons*, ed. Wilson H. Kimnach (New Haven, CT: Yale University, 1731), sermão em Lucas 10.38-42, n.p.
7 Rm 8.24.
8 1Jo 3.3.

Passo a passo, andamos por fé em direção a Cristo e a esse momento da visão beatífica. Agora, o espetáculo da radiante glória do que viremos a ser permanece invisível, ainda aguardamos a sua manifestação. Em meio à tensão do espetáculo deste mundo, vivemos por fé, sabendo que o Cristo permanentemente transfigurado, agora invisível, será revelado aos nossos olhos. Então, o deleite por fé que temos nele hoje, dará lugar a um arrebatador deleite por vista, do qual desfrutaremos por toda a eternidade.[9]

---

9 1Pe 1.3-9.

CAPÍTULO 33

DESILUDIDOS, MAS NÃO DESPROVIDOS

Enquanto finalizo este livro, uma notificação no canto da minha tela atraiu minha atenção para um e-mail publicitário do museu de ciências local, proclamando com pompa que seus filmes são agora "projetados numa tela abobadada de 27 metros que o envolve por todos os lados". Este é o nosso mundo, uma corrida para nos envolver em espetáculos. A realidade virtual conseguiu — envolvendo-nos com imagens ao redor, atrás, acima, debaixo de nós. Talvez, um dia, um mundo imersivo se abrirá para nós num jogo de realidade virtual que se tornará um escape do mundo quebrado à nossa volta. Nossos romancistas de ficção científica já brincaram com essa possibilidade em suas distopias.[1] Nossos programadores

---

1 "Os preços exorbitantes do petróleo e das viagens aéreas e automobilísticas eram altos demais para o cidadão comum, e o OASIS tornou-se a única saída pela qual as pessoas podiam pagar. Conforme a era da energia barata e abundante terminava, a pobreza e a preocupação começaram a se espalhar como um vírus. Todos os dias, cada vez mais pessoas tinham motivo para procurar consolo dentro da utopia virtual de Halliday e Morrow. [...] Logo, bilhões de pessoas do mundo todo estavam trabalhando e brincando no OASIS diariamente. Algumas delas se encontravam, apaixonavam-se e se casavam sem nunca ter pisado no mesmo continente. As linhas de distinção entre

podem, em breve, tornar realidade — uma realidade virtual — uma utopia transumana na qual nossa vida consciente possa se expressar num avatar customizado, livre de raça, idade, gênero e biotipo, cada contorno da nossa existência corporal reescrito de acordo com nossas preferências pessoais, em um autorretrato cibernético para um mundo inteiramente digital no qual vivemos, nos movemos e existimos.

Sejam quais forem os extasiantes espetáculos por vir, o alerta de Boorstin feito sessenta anos atrás permanece. Somos o povo mais iludido na história mundial. Já vivemos dentro de nossas ilusões. Nossos espetáculos se tornaram a paisagem ao nosso redor, uma tela abobadada que restringe nosso olhar em todas as direções. Como jamais ocorreu, vivemos dentro do nosso mundo de espetáculos e exercemos poder soberano sobre os espetáculos que escolhemos para nos rodear. Nós, os espectadores, nos tornamos senhores autônomos de nossa vida ocular. Mas esse teatro mundano é holográfico. Ele minimiza a realidade com imagens que tentam nos restringir aos parâmetros do olhar, das esperanças visuais e dos apetites coletivos das massas.

Nossa era oferece espetáculos ilimitados. Mas, com opções incessantes, as realidades mais sólidas e eternas são postas de lado e nossa vida fica vazia de visão, propósito e direção eterna. Em contraste com essa era, levanta-se o único Espetáculo supremo, Jesus Cristo, o autor do universo, o cerne da realidade, o centro da nossa vida e o aperfeiçoador da nossa natureza

---

a identidade real de uma pessoa e a de seu avatar começaram a se misturar. Era o despertar de uma nova era, na qual a maioria da raça humana passava todo o tempo livre dentro de um videogame". Ernest Cline, *Ready Player One: A Novel* (New York: Crown, 2011), 59-60 [edição em português: *Jogador número 1* (Rio de Janeiro: LeYa, 2018)].

humana. Conquanto agora invisível, ele demanda nossa mais profunda confiança e nossas mais elevadas afeições.[2]

Em Cristo, recuperamos nossa atenção e repelimos os mercadores da atenção. Nós remimos o tempo recobrando nossa atenção.[3] Somos lembrados de que, à parte da fé em Cristo, tudo o que fazemos é ilusório — não tem nenhum valor perene, é pura imagem, é efêmero e, em breve, será reduzido a nada.[4] Assim, avançamos no domínio visual da nossa era, em meio a todas as imagens projetadas, sabendo que uma realidade visual mais gloriosa nos espera. Eu fui crucificado com Cristo e, por isso, fui crucificado para este mundo terreno de espetáculos vãos. E todo este perecível mundo de espetáculos sem valor foi crucificado para mim. Quando voltamos a nossa atenção para Cristo — nosso Espetáculo definitivo —, todos os pixels oscilantes de nossa cultura, as coisas vãs e os ídolos amados, são estranhamente obscurecidos. Olhando além das visões reluzentes que consomem este mundo centrado no que se vê, esperamos pelo Espetáculo que agora podemos ver apenas em relances e vislumbres, mas que um dia veremos no esplendor de sua forma plenamente transfigurada, manifesto por completo aos nossos olhos.[5]

Como uma tela de smartphone ofuscada pelos raios diretos do sol, um dia nós veremos a face de Cristo. Naquele dia, todos os vãos espetáculos neste mundo de ilusões, todos os ídolos digitais de nossa era irão se dissolver, finalmente e para sempre, no resplendor da sua glória.

---

2 Mt 10.37.
3 Cl 4.5.
4 Rm 14.23; 2Co 4.17-18.
5 1Co 13.12.

FIEL
MINISTÉRIO

O Ministério Fiel visa apoiar a igreja de Deus de fala portuguesa, fornecendo conteúdo bíblico, como literatura, conferências, cursos teológicos e recursos digitais.

Por meio do ministério Apoie um Pastor (MAP), a Fiel auxilia na capacitação de pastores e líderes com recursos, treinamento e acompanhamento que possibilitam o aprofundamento teológico e o desenvolvimento ministerial prático.

Acesse e encontre em nosso site nossas ações ministeriais, centenas de recursos gratuitos como vídeos de pregações e conferências, e-books, audiolivros e artigos.

Visite nosso site

www.ministeriofiel.com.br

VOLTEMOS AO EVANGELHO

O Voltemos ao Evangelho é um site cristão centrado no evangelho de Jesus Cristo. Acreditamos que a igreja precisa urgentemente voltar a estar ancorada na Bíblia Sagrada, fundamentada na sã doutrina, saturada das boas novas, engajada na Grande Comissão e voltada para a glória de Deus.

Desde 2008, o ministério tem se dedicado a disponibilizar gratuitamente material doutrinário e evangelístico. Hoje provemos mais de 4.000 recursos, como estudos bíblicos, devocionais diários e reflexões cristãs; vídeos, podcasts e cursos teológicos; pregações, sermões e mensagens evangélicas; imagens, quadrinhos e infográficos de pregadores e pastores como Augustus Nicodemus, Franklin Ferreira, Hernandes Dias Lopes, John Piper, Paul Washer, R. C. Sproul e muitos outros.

Visite nosso blog:

www.voltemosaoevangelho.com

LEIA TAMBÉM

JOHN PIPER — *Uma Glória Peculiar*: Como a Bíblia se revela completamente verdadeira

JOHN PIPER — *Lendo a Bíblia de Modo Sobrenatural*: E vendo a glória nas Escrituras

JOHN PIPER — *Exultação Expositiva*: A pregação cristã como adoração

LEIA TAMBÉM

Esta obra foi composta em AJensonPro Regular 11,7, e impressa
na Promove Artes Gráficas sobre o papel Polen 70g/m²,
para Editora Fiel, em Junho de 2024